엄마의 꿈공부

엄마의 꿈공부

김다빈 지음

마음세상

엄마가 되고 꿈을 찾기 시작했다

20대에 엄마가 된 것은 사춘기를 겪는 것처럼 혼란스러웠다. 모든 것이 처음인 초보 엄마에게 준비되지 않은 '엄마'라는 이름은 더욱 버겁게 느껴졌다. 집에 있는 것 보다 나가서 사람들을 만나며 에너지를 얻었던 내가 엄마가 되니 혼자서 마트 가는 것조차 쉽지 않았다.

아이 낳고 삶은 두려운 변화로 다가왔고 무기력과 우울감에 빠져있었다. 육아에만 전념하며 나만의 좁은 우물에 갇혀 지냈다.

"엄마가 일찍 데리러 와주면 좋겠어."

버스에서 내려 어린이집까지 달려가 도착한 시간은 저녁 7:29분. 벨을 눌렀다.

하던 것을 멈추고 달려오는 아이를 보자 고마움과 미안함이 뒤섞였다. 딸 아이만 생각하면 왠지 가슴이 먹먹했다. 아이가 아픈 것도 내 탓이고, 직장에서도 죄인이라 생각했다.

여기저기 미안할 일이 왜 이리 많은지. 매일 무거운 감정이 나를 짓눌렀고 자존감은 바닥으로 점점 떨어졌다.

새벽에 출근해 자정이 되어야 들어오는 남편, 아이가 아파도 해열제를 먹여 어린이집에 보내고 출근해야 하는 나. 맞벌이로 우리가 아무리 열심히 달려도 삶은 나아지지 않았다. 육아에서 벗어나 일을 하면 좀 더 행복해질 줄 알았는데 뭔가 잃어버린 느낌이었다. 퇴근 후 유모차에 아이를 태워 집으로 가는 길, 문득 이런 생각이 들었다.

'이대로 살아도 괜찮은 걸까? 어떻게 살아야 행복할까?'

아이에게 미안해하고 싶지 않고 좀 더 나은 삶을 살고 싶었다. 어느 순간 책을 손에 쥐기 시작했다. 책에서 나의 삶을 바꾸어 나갈 힘을 얻게 되었다. 삶의 중심을 타인이 아닌 나에게 집중하면서 내가 할 수 있는 것을 찾기 시작했다. 새벽 기상을 통해 나만의 시간을 확보하며 낮아진 자존감을 끌어올릴 수 있었다.

꿈을 꾸기에 좋은 시간은 지금이다. 서른한 살이 된 지금, 나는 7살과 2살 두 아이의 엄마이자 새로운 꿈을 향해 도전하고 아이들과 함께 성장하고 있는 엄마다. 둘째를 임신했을 때 책을 쓰기 시작했다. 더는 아이들이 어려서 무언가를 할 수 없다고 말하고 싶지 않았다. 아이가 어려도 꿈을 이루기 위해 기필코 해내고 마는 엄마가 되고 싶다.

도전에 앞서 용기 내기가 쉽지 않은 엄마들에게 용기를 주고 싶다. 나를 일으키고 공부하게 한 건 아이들이 있기 때문이다. 다시 꿈을 꾸는 엄마들에게 희망의 메시지가 될 수 있기를 바라는 마음에 한 글자씩 적기 시작했다.

제일 먼저 등원하여 제일 늦게 하원 하는 아이가 우리 아이였다. 어린이집에 10시간 이상 맡겨지다 보니 나의 마음은 늘 무거웠다. 아이와 보내는 시간이 적으니 어떻게 하면 아이와 좀 더 효과적으로 놀아줄 수 있을까를 고민했다. 짧은 시간이라도 엄마가 집중해서 진심으로 함께한다면 그걸로 충분했다. 워킹맘으로서 직장과 육아를 병행하며 나의 시간을 갖는 방법, 성공적인 루틴을 만드는 방법, 워킹맘이 쉽게 따라 할 수 있는 하루 10분 육아법을 제시했다.

엄마가 되니 아이에게 좀 더 나은 환경을 제공해주고 싶은 생각을 자주 한다. 빌라에서 아이를 키우며 불편한 것을 몸소 겪었다. 서울 아파트는 전세도 힘들 것으로 생각했는데 내 집 마련을 하게 되었다. 그후로 부동산에 점점 관심을 두게 되며 관련 서적을 찾아 읽기 시작했다. 하지만 첫 내 집 마련 후 불편한 점도 많았다. 대출금 부담에 생활은 더욱 퍽퍽했고 주변에 편의시설이 갖추어져 있지 않아 불편했다. 돈을 더 벌기 위해 근무시간을 더 늘리게 되었고 아이에게 미안한 마음이 커져만 갔다.

아픈 아이를 어린이집에 맡기고 출근해야 할 때마다 절실하게 느꼈다. 내가 일하지 않아도 월급처럼 돈이 들어오는 시스템을 만들고, 내가 좋아하는 일을 찾아 꿈을 이루며 살고 싶다는 생각이 들었다. 지금은 급여가 적은 맞벌이 초년생 부부이지만, 지금부터 차근차근 준비하고 미래를 그려본다면 우리도 경제적인 자유를 꿈꿀 수 있지 않을까?

결핍은 결국 동력이 되었다. 세 번의 이사를 통해 돈이 많지 않았던 우리 부부가 서울에 아파트를 마련할 수 있었던 방법과 재테크 공부하는 방법, 경제적으로 성장하는 법을 나누고자 한다.

엄마가 되고 힘든 시간이 많았지만 돌이켜보니 나를 성장시켜준 시간이었다. 엄마의 삶에 행복을 찾기 위해 나만의 시간을 갖고 나를 지켜줄 공부를 해야 한다고 말하고 싶다. 당장 꿈이 막연하고 그려지지 않더라도 불안해할 필요는 없다. 매일 내가 하는 것들이 모여 의미를 발견하고 연결할 기회가 반드시 온다. 지금부터 매일 조금씩 준비해 나가면 된다. 이 책을 참고하여 자신만의 꿈을 찾고 스스로 행복해지길 바란다.

내가 엄마가 아니었다면 이렇게 경제와 부동산에 관심을 두고 꿈을 찾기 위해 자기 계발에 몰두할 수 있었을까? 엄마이기에 힘든 상황에서도 다시 일어닐 힘이 생기고 꿈을 포기하시 않을 용기가 생겼다.

앞으로 나아가기가 두려운 당신에게 이 책이 도움되길 바라며 나의 사랑하는 두 딸과 남편에게 감사한 마음을 전한다. 그리고 나의 글이 책으로 출간될 수 있게 도움을 준 출판사에도 진심으로 감사드린다.

프롤로그 … 6

Chapter 1. **자꾸만 힘들 때**
　　　　　어쩔 수 없는 일 … 13
　　　　　지독한 육아의 고충 … 18
　　　　　과거의 자유로움이 그리워 … 24
　　　　　독박 육아의 현실 … 28
　　　　　힘든 일상을 견딘다는 것 … 32
　　　　　완벽하지 않아도 괜찮아 … 36

Chapter 2. **엄마, 책을 만나다**
　　　　　내 인생을 바꾼 책 한 권 … 41
　　　　　엄마 먼저 행복해지기 … 44
　　　　　내일을 기대하다 … 47
　　　　　나를 잃지 않고 살기 … 51
　　　　　나를 단단하게 해준 것들 … 55
　　　　　나로 다시 살기 시작하다 … 60

Chapter 3. **엄마가 된 후 새롭게 꿈꾸다**
　　　　　엄마의 인생을 결정하는 꿈 … 64
　　　　　꿈을 꾸면 보이는 엄마의 강점 … 68
　　　　　꿈을 찾게 해줄 로드맵 4단계 … 72
　　　　　꿈꾸는 엄마를 위한 3단계 공부법 … 76
　　　　　엄마를 최고로 만드는 꿈의 힘 … 80
　　　　　꿈을 향한 아침 하루 10분의 기적 … 83

Chapter 4. **엄마의 부자 로드맵**

　　5년 동안 3번 이사 ⋯ 87

　　재테크의 첫걸음 종잣돈 만들기 ⋯ 92

　　내 집 마련을 위한 로드맵 ⋯ 97

　　20대, 서울에 아파트 마련한 비법 3가지 ⋯ 101

　　2년 만에 시세차익 1억 6천만 원 ⋯ 106

　　실전 내 집 마련 노하우 ⋯ 109

　　이사갈 때 알아두면 좋은 팁 ⋯ 114

Chapter 5. **워킹맘 육아 전략**

　　워킹맘 퇴근 후 10분 활용법 ⋯ 117

　　꿈꾸는 엄마의 육아법 ⋯ 122

　　아이와 함께 성장하는 육아 ⋯ 125

　　하루 10분 워킹맘 책 육아 ⋯ 129

　　워킹맘 표 책 육아 3단계 공식 ⋯ 132

　　워킹맘 하루 15분의 행복 ⋯ 136

Chapter 6. **꿈을 지속하는 당신에게**

　　엄마의 꿈을 응원하며 ⋯ 140

　　아이는 엄마의 행복을 먹고 자란다 ⋯ 144

　　처음부터 잘하는 사람은 없다 ⋯ 148

　　따뜻하게 당신을 응원하며 ⋯ 151

　　오직 나만의 길을 가라 ⋯ 154

　　당신은 아이와 함께 성장하는 엄마다 ⋯ 158

Chapter 1.
자꾸만 힘들 때

어쩔 수 없는 일

엄마가 되니 어쩔 수 없는 일에 부딪힐 때가 많다. 참 내 맘 같지 않다. 왜 남들처럼 순탄하게 흘러가지 않는 건지 자주 생각했다. 삶이 내 마음대로 되지 않는 일이 훨씬 많음에도 그것들을 받아들이고 감당하기가 버거웠다.

2016년 2월, 대학생 때 지금의 남편을 만났다. 4년 연애 끝에 결혼을 결심하게 됐다. 내 나이 25살, 아이가 먼저 찾아온 것이다. 결혼박람회도 돌아보며 차근차근 준비하는 결혼을 상상했지만, 식을 올리려면 3개월도 채 남지 않은 상황이었다. 결혼 날짜와 시간은 물론이고 스튜디오도 고를 수 없었다. 이미 예약이 꽉 차 있는 상태라 빈자리가 있으면 다행일 정도였다. 신속하게 결혼 준비하느라 매주 바빴다.

평소 아기를 좋아해 임신한 사실이 기쁘기도 했지만 두려운 마음이 더 컸다. 혼란스럽고 가슴이 답답했다. 준비 없이 찾아온 아이로 당장 포기해야 할 것이 많았다.

친구들과 약속한 여행을 취소했다. 결혼하기로 한 그 해, 2월 로스앤 젤레스, 5월 오키나와에 갈 예정이었다. 여행 갈 생각에 들떠있었는데 갈 수 없게 되었다. 엄마가 되면 앞으로 해외여행 다니는 것과 친구들을 만나 편하게 노는 것이 어려울 것 같았다. 카페에서 속상한 마음을 털어놓으니 친구가 말했다.

"괜찮아. 일찍 결혼하고 아이 낳은 만큼 어느 정도 키워놓고 나중에 즐기면 되지. 젊은 엄마 좋잖아."

"엄마가 되는데 나중에 즐기는 게 가능할까?"

"아기 좀 크면 여유가 생기겠지."

왠지 힘들 것 같았다. 아이 키워놓은 후면 젊은 시절은 다 갔을 텐데 그때 즐기면 무슨 재미일까 싶었다. 혼란스러운 마음은 계속됐다.

야근과 회식이 잦은 회사에 다니는 남편은 늦게 들어오는 날이 많았다. 직장 기숙사에서 시끌벅적하게 살다가 신혼집에 들어오니 혼자 있는 시간이 많았다.

결혼 전에는 남편이 몇 시에 끝나던 신경 쓰지 않았는데 함께 사니 남편 퇴근 시간만 재촉하게 되었다. 서운해지는 것이 많아져 말을 곱게 하지 못했고 자주 다퉜다. 사소한 것에도 눈물이 났다. 결혼과 임신이 나에게는 감당하기 힘든 변화로 느껴졌다.

신혼집에서 직장까지는 지하철로 30분 정도 걸렸다. 사람이 어찌나 많은지 서 있을 틈도 부족했다. 앉아서 가고 싶은 마음이 굴뚝같았다.

대중교통 이용 시 초기 임산부임을 알리는 방법이 있다. 임산부 배지를 가방에 메는 것이다. 그럼 임산부석에 앉아있던 사람이 자리를 양보해 주기도 한다. 임산부 배지를 차는 것이 왠지 부끄러워 한 번도 사용하지 않았다. 내가 잘못한 것도 아닌데 이상하게 당당하지 못했다. 어려 보이는 임산부를 보면 수군댈 것 같았다. 실제로 사람들은 전혀 관심 없는데 말이다. 스스로 위축이 되었다. 계획했던 일들도 포기하며 변해버린 상황에 내가 점점 작아지고 있었다.

첫째 임신 8개월 때 일이다. 근무 중 배가 자꾸 단단하게 뭉쳤다 풀리기를 반복했다. 느낌이 이상해 퇴근 후 곧장 산부인과에 가서 태동 검사를 했다. 진통 주기가 2~3분 간격이라며 당장 대학병원에 입원해야 한다는 것이다. 출퇴근이 무리가 된 것인지, 스트레스를 받아서인지 조산 기미가 왔고 배 속의 아기도 작다고 했다. 아직 태어나면 안 되는 시기라 병원에 입원해 지켜보기로 했다.

자궁 경부길이가 1cm도 남지 않은 상황이었다. 당장 아이가 나와도 이상하지 않은 상태다. 앉아있는 것도 무리가 된다고 하여 꼼짝없이 누워만 지냈다. 찾아보니 뱃속에서 열 달을 채우지 못하고 아이가 일찍 태어났을 때 합병증으로 이어지면 치명적일 수 있었다.

고위험 산모였다. 25살에 고위험 산모라니. 나이가 어려 위험요소는 나와 상관없을 줄 알았다. 남들처럼 임신 기간 순탄하게 보내다 건강하게 아이 낳고 살면 되는 줄 알았다. 엄마 되는 것을 받아들이고 주어진 삶을 잘살아보리라 마음먹었는데 병원에 입원하니 한숨이 절로 나왔다.

내가 일찍 일을 그만뒀다면 이런 일이 생기지 않았을까? 내가 지하철로 출퇴근하지 않고 택시를 탔다면 괜찮았을까? 끊임없이 나를 돌아보고 자책했다. 예상하지 못한 상황에 눈물만 났다.

곧 출산휴가를 받으면 여유롭게 아기 맞을 준비를 하려고 했다. 아기가 입을 옷도 미리 세탁해 두고 아기용품을 준비하며 공간을 꾸미고 싶었다. 병원 신세로 나의 행복한 상상은 멀리 날아가 버렸다.

지나친 스트레스와 출퇴근으로 배 속의 아이를 힘들게 한 것 같아 미안한 마음이 들었다. 일이 내 뜻대로 풀리지 않는 것 같아 가슴이 답답했고 아이가 일찍 나오게 될까 봐 불안했다.

어쩌면 나를 가장 힘들게 했던 건 나 자신이었을지도 모른다. 삶이 예상대로 흘러가거나 좋은 일만 있을 거라는 보장도 없다. 때로는 원치 않는 일이 생기기도 하고, 내 마음처럼 잘 안될 때가 더 많다. 어쩔 수 없는 일에 너무 자책하고 나를 괴롭히지는 말아야겠다. 지나친 죄책감은 일상생활에도 지장을 줄 수 있으니 경계해야 한다.

아이가 생긴 것도, 남편의 회사도, 조산 기미가 온 것도 내 마음대로 할 수 있는 일이 아니었다. 엄마가 된다는 것은 생각보다 훨씬 더 감당해야 할 것이 많았다. 앞으로도 아이를 키우며 다양한 변수가 생길 텐데 그때마다 자책, 상황 탓, 불평불만을 할 수는 없는 노릇이다. 조금은 마음을 내려놓고 유연하게 대처하려는 마음가짐이 필요하지 않을까.

지독한 육아의 고충

지연이가 생후 한 달쯤 됐을 때 일이다. 예방 접종하러 소아청소년
과에 갔다. 의사 선생님께서 말없이 심각한 표정으로 청진기를 가슴에
대고 있었다. 뭔가 심상치 않은 상황임이 느껴져 불안해졌다.

"아기한테 심 잡음이 들려요. 끙끙거리는 소리도 자주 내고요. 심장
에 구멍이 있을 수도 있으니 대학병원에 가서 초음파 검사를 해보시는
것이 좋겠어요."

"심 잡음이라니요?기형아 검사 때도 이상 없었는데요."

가슴이 두근거리면서 머릿속이 하얘졌다. '심 잡음'이라는 단어는
처음 들어보았다. 심장에 구멍이라니. 큰 병원에 가야 한다는 말에 무
서웠다. 그동안 아기가 끙끙거리는 소리를 자주 냈는데 크려고 용쓰는
것인 줄 알았다. 아기가 아프다는 신호를 보냈다는 것을 내가 알아차

리지 못했다는 생각에 미안해졌다. 택시를 타고 바로 대학병원으로 갔다.

"입원해서 검사부터 할게요."

소견서를 본 교수님이 말했다. 예방주사 맞히러 갔다가 갑작스레 입원까지. 그날 하루가 거짓말 같았다.

검사를 위해 생후 한 달 된 아기의 손과 발에 바늘을 여러 차례 찔러 댔다. 혈관이 얇으니 한 번에 되지 않았다. 검사할 것이 많은지 피를 몇 통을 뽑았는지 모르겠다. 아이가 울 때마다 나도 같이 울었다. 조그만 아기에게 너무나 가혹한 것 같아 차마 눈 뜨고 보기가 힘들었다. "엄마가 미안해."라는 말만 외치며 아이가 움직이지 못하도록 몸을 꽉 잡아 줄 수밖에 없었다.

처치가 끝나자 아이를 안고 주저앉아 울었다. 남 앞에서 우는 모습을 보이는 것을 싫어하는 내가, 아이가 아프니 남의 시선을 신경 쓸 겨를이 없었다. 병원에서 나는 매일 우는 엄마였다. 간호사 선생님들이, 실습하는 학생들이 늘 휴지를 건네주었다.

CT, 심장 초음파, 피검사를 시행한 결과 아이의 진단명은 심실중격 결손이었다. 우심실과 좌심실 사이 벽에 구멍이 생겨 혈류가 새어나가는 선천성 심장질환이다. 큰 구멍 한 개와 작은 구멍이 여러 개가 있으며 수술 확률이 높다고 하셨다.

하늘이 무너져 내리는 것 같았다. 머리가 새하얘지고 어안이 벙벙했다. 우리 아이가 심장이 아플 것이라고는 상상도 못 했다. 유전적으로 질환이 있는 것도 아니었다. 아무리 생각해도 믿을 수가 없었다.

왜 나에게 이런 일이 일어난 것일까? 내가 임신 기간 아이에게 무엇을 잘못했을까? 내가 전생에 죄를 지어서 아픈 아이가 태어났나? 다 내 탓인 것만 같았다. 가슴이 돌을 얹은 것처럼 답답하고 무거웠다. 하루에도 몇 번씩 마음이 무너졌다. 차오르는 눈물을 참으려고 이를 꽉 물었지만, 도저히 감정을 추스를 수가 없었다. 병실에서 목놓아 울어버렸다. 서럽게 우는 내가 마음 쓰였는지 옆자리 아기엄마가 다가와 휴지를 주며 등을 다독여 준 기억이 난다.

"어머니, 젖병으로 아이 먹는 양과 배설량 매일 적어주세요. 기저귀는 저울에 달면 돼요."

먹고 싸는 양을 기록해달라는 간호사의 말에 모유를 짰다. 젖병에 담아 먹여보니 아이가 한번 먹을 때 20mL도 먹지 못한다는 것을 알았다. 먹을 때 사례도 잘 걸렸고 숨을 몰아쉬었다. 힘들었는지 얼마 먹지 못하고 잠들었다. 아픈 것을 왜 빨리 눈치채지 못했을까. 잘 먹지 못하다 보니 잠도 짧았다. 두 시간, 어떨 땐 한 시간마다 깼다.

매일 아침 검사 일정에 아이의 먹고 싸는 양을 기록했다. 먹이고 재워놓고 나면 산더미처럼 쌓인 젖병도 씻어야 했고 모유도 짜 보관해야 했다. 화장실도 겨우 가고 간단한 세수 외에는 샤워도 못 했다. 내 몸이 여러 개로 쪼개졌으면 좋겠다고 생각했다. 겨우 잠잘 틈이 생겨 자볼까 하면 간호사가 들어와 아이의 혈압과 맥박을 검진하느라 아이가 깨버리곤 했다. 딱 세 시간이라도 온전히 푹 자보는 것이 소원이었다.

병실에 입원한 다른 아기 엄마들은 옆에 친정엄마나 시어머니가 계셨다. 교대로 씻고 잠자고 젖병 닦는 일을 함께했다. 부러운 마음도 들었지만, 친정엄마에게 도움을 요청하고 싶지 않았다. 부모님께 아기 아픈 모습, 나의 힘든 모습을 보여주고 싶지 않았다. 매일 울었고 마음이 약해진 상태라 누군가 오는 것이 싫었다. 혼자서 쉴 틈 없이 아이를 돌보고 밀린 일을 했다. 차라리 정신없이 바빠 우울할 틈이 없었으면 했다.

남편이 퇴근하고 병원에 오면 그제야 기절하듯 쪽잠을 자며 지냈다. 지독한 병원 생활이었다.

수술 없이 치료되길 바랐지만, 지연이는 결국 수술받아야 했다. 한 번에 구멍을 다 막을 수 없어서 돌 전에 한 번 더 수술해야 한다고 했다. 두 번의 심장 수술이 필요한 상황이었다. 입원하며 대기하기로 하던 중 담당 교수님이 들어오셨다.

"내일 수술 예정인 아이가 감기에 걸려 취소 자리가 생겼어요. 내일 바로 수술합시다. 운이 정말 좋은 거예요."

"내일이요? 아, 네···. 감사합니다. 교수님. 정말 감사합니다."

감사함과 동시에 미안함이 몰려왔다. 몸무게가 3킬로도 안 되는 신생아를 수술시켜야 한다니 가슴이 먹먹했다.

2016년 11월 25일 1차 수술 날.

생후 한 달 된 아기에게 6시간 금식은 가혹했다. 평소 물지 않던 공갈 젖꼭지를 하염없이 빨아댔다. 얼굴이 빨개져 울다가 다시 입을 크게 벌리고 내 가슴을 파고들며 젖을 찾았다. 옷은 아이의 침으로 범벅되었다. 지연이가 힘없이 신음하며 젖을 찾았던 모습이 아직도 잊히지 않는다.

전신마취를 위해 지연이는 간호사 품에 안겼다. 아무것도 모른 채 반짝이는 눈망울로 이리저리 구경하며 수술실에 들어갔다.

대기실에서 기다리는 5시간은 피 말리는 시간이었다. 중환자 대기실은 적막감이 돌았다. 남편과 대화도 없이 1분 1초를 기다렸다. 가슴이 찌릿찌릿 아팠다. 주인 없는 모유는 이미 흘러나와 속옷까지 젖어 있었다. 불어난 가슴을 보니 지연이 생각에 먹먹해졌다. 화장실에서 딱딱해진 가슴을 쥐어짰다.

수술 종료 문자를 받고 중환자실에서 지연이를 만났다. 몸에 달린 주렁주렁한 장치들, 퉁퉁 부은 얼굴, 가슴에 길게 붙인 밴드.

아이가 힘들어해 이틀 정도 재울 거라고 했다. 그동안 수술 후기를 많이 찾아봐서 예상한 모습이지만, 막상 내 아이에게서 그 모습을 보니 가슴이 무너져 내릴 것 같았다. 다행히 수술은 잘되었고 중환자실에서 아이를 일주일 정도 보살필 거라고 했다. 힘든 시간을 잘 견뎌준 지연이에게 고맙고 미안했다.

집으로 돌아왔다. 아이가 없는 집은 공허하고 날 더 불안하게 했다. 아이가 누워있던 침대를 보니 또다시 눈물이 쏟아졌다. 먹먹한 가슴을 쓸어내렸다. 아이의 건강 말고는 바랄 게 없었다. 잠을 안 자도 좋고, 날 힘들게 해도 좋으니 제발 건강했으면 하는 마음뿐이었다. 아이를 아프게 낳은 죄인 엄마는 매일 면회 시간에 맞춰 모유를 전달해주는 것이 최선이었다.

"어머니, 오늘 오후에 아이 일반 병동으로 갈 거예요. 엄마 입원 준비 해주세요."

일주일 정도 떨어져 지내보니 고생스럽더라도 병원에서 내가 아이를 돌보는 것이 마음 편했다. 일반 병동으로 가면 24시간 보살핌이 가능했다. 힘들겠지만 너무나 기다려왔던 시간이었다. 중환자실에서 달고 온 주렁주렁한 장치들이 하나둘씩 떼어질 때마다 아이를 돌보는 것이 수월했고, 감사했다.

힘들었다고 투정했던 지난날이 떠올랐다. 힘들다고 생각했던 그 시간이 힘든 것이 아니었음을, 상황에 따라 상대적임을 느꼈다. 좋아지고 있다는 의료진의 말 한마디가 너무나 감사했다. 모든 순간이 감사함으로 바뀌었고 어떤 어려움도 이겨낼 수 있을 것 같았다. 씩씩하게 수술을 마치고 호전되고 있는 아이를 위해서라도 내가 힘을 내고 마음 단단히 먹어야 했다. 죄책감은 그만 털고 아이에게 많이 웃어주기로. 좀 더 강한 엄마가 되기로 했다. 이렇게 엄마가 되어가는 것인가 보다.

과거의 자유로움이 그리워

육아에 지쳐 오늘이 며칠이고 무슨 요일인지도 모른 채 하루하루 흘려보냈다. 만나는 사람 없이 집에서 혼자 살림과 육아만 하며 멍한 채로 지냈다. 반복되는 육아로 일상이 지루하고 답답했다. 아이가 아파 병원에 입원했을 때를 생각하면 이런 일상이 고맙다는 생각이 들었다가도 집에만 있자니 답답한 마음에 우울함이 커졌다.

SNS 속 사람들은 뭐가 그리 즐거운지 매일 예쁜 옷을 입고 맛있는 음식을 먹고 있었다. 해외여행 사진, 즐거운 모임 사진, 누구와 만나 무엇을 했다는 이야기. 집에서 목과 무릎이 늘어난 후줄근한 옷을 입고 있는 나와는 상반된 사람들이었다.

육아하느라 집에만 있는 나를 자극했다. 친구들이랑 만나서 놀고 싶은 생각이 굴뚝같았다. 온종일 나를 내어줘야 하는 아이 때문에 지쳐

있었다. 차라리 빨리 일하고 싶었다. 직장생활을 하며 원래의 나로 돌아가고 싶었다. 여느 20대 친구들처럼 나를 가꾸고 즐겁게 살고 싶었다. 아기엄마가 되어도 친구들도 만나고 가고 싶은 곳도 갈 수 있을 줄 알았다. 하지만 현실은 집 밖에 1시간 이상 외출하는 것조차 힘이 들었다. 외출 한 번 하려면 분유, 젖병, 물티슈, 기저귀, 보온병, 간식, 아기띠, 장난감, 담요 등 챙겨야 할 것이 많았다.

지연이가 생후 8개월쯤 되었을 때 일이다. 모처럼 아이를 데리고 친구들과 밥을 먹기로 했다. 오랜만에 만남이라 들떠있었다. 하지만 한시도 가만히 있지 못하는 아이에게서 눈을 뗄 수가 없었고 음식이 입으로 들어가는지 코로 들어가는지 급하게 먹느라 맛도 안 느껴졌다. 내 몸 하나 챙겨서 간단하게 나가던 시절이 정말 편했다는 걸 몸소 체험하게 되었다. 아이를 데리고 나가는 것과 나 혼자 다니는 것의 차이가 이렇게 큰 줄이야.

아이 위주로 하루가 흘러가고 어딜 가려고 해도 아이를 봐줄 사람을 찾거나 일정을 미뤄야 했다. 예전처럼 누굴 만나든 뭘 하든 눈치 볼 것 없이 자유롭게 다니던 시절이 그리웠다.

할 수 없는 현실에 자주 부딪히다 보니 하나둘씩 내려놓기 시작했다. 드라마 보는 것도 포기하고 친구들 만나는 일도 줄이고 외출하는 일도 줄였다. 내가 뭔가 계획하고 해보려고 해도 아이가 어려 시간을 낼 수 없으니 계획을 세우지 않았다. 과거에 당연하게 누렸던 일상이 아기엄마인 나에겐 부러움의 대상이 되었다는 게 씁쓸했다.

아기 띠를 매고 마트에 가는 길. 카페에 앉아서 수다 떠는 사람, 맥주 가게에 앉아있는 사람들이 부러웠다. 언제쯤 자유롭게 가고 싶은 곳을 갈 수 있는 걸까. 결혼하고 아이 낳고 나니 내 상황이 너무나 변해있었다. 신체 변화부터 해서 감정적인 변화까지. 상상했던 것보다 현실은 더 버겁게 느껴졌다. 이 모든 변화가 나만 느끼는 감정인 것 같아 괜히 남편이 밉기도 했다. 화살이 남편에게 가게 된 것이다.

일찍 아기엄마가 되면서 가장 힘들었던 건 내 친구들과 나와 사는 모습이 달라 외로웠다는 것이다. 내 친구들은 여전히 20대를 살고 있었다. 해외여행도 다니고 친구들과 모여 술도 먹고 직장생활 하며 즉흥적으로 하고 싶은 것을 하는 것이 부러웠다. 아이를 키우는 사이 점점 친구들과 공감대도 줄어들었다. 삶에 있어서 곁에 있는 사람들과 중요한 시기를 함께한다면 그것도 정말 행운이겠구나 싶었다. 남들도 다 결혼하고 육아할 때 나도 그 시기를 함께했다면 나의 육아가 그렇게 힘들진 않았을 텐데.

2021년 3월, 둘째가 태어났다. 둘째를 보며 가끔 첫째 키울 때를 떠올려 본다. 그때 나를 힘들게 했던 것은 육아 그 자체보다, 엄마가 되는 과정에서 오는 혼란스러움이었다. 자꾸 비교하는 내 생각과 태도였다. 아기엄마로 사는 나, 20대를 즐기는 미혼 친구들을 보며 괴리감을 느꼈고 엄마 되기 이전의 삶을 그리워하기도 했다.

지금은 엄마로 사는 것이 그때만큼 힘들지 않다. 오히려 행복하고 감사한 마음이다. 힘겹고 지친 시간도 많았지만, 나의 삶의 중심이 되어준 아이들에게 고맙다는 생각이 든다. 지연이는 두 번의 큰 수술도 잘 견뎌주었고 건강하게 자라고 있다. 엄마인 나를 더 단단하게 해주었다.

내가 할 수 있는 것에 좀 더 집중하려 한다. 다른 사람과 비교하며 할 수 없는 것에 아쉬워할 필요는 없지 않을까. 엄마가 되고 책을 만났고 나에게 집중할 수 있었다. 글 쓰는 것이 좋아졌다. 예전에는 혼자 있는 시간이 싫었지만, 지금은 혼자 있는 시간을 가지려고 노력한다. 과거의 자유로움은 즐거운 추억이 되었고 현재를 살아가는 내 모습에 만족한다. 아이들이 잘 때 나만의 시간을 갖는 것. 이러한 일상이 소중하고 행복해졌다.

독박 육아의 현실

　지연이가 태어난 지 7개월 때 일이다. 심장 수술을 해서인지 유난히 잘 안 먹고 자주 깼다. 백일 때 몸무게가 4kg, 돌 때 몸무게는 겨우 7kg였다. 아이를 먹이고 재우는 것은 나에게 상당한 스트레스였다. 백일의 기적이 온다는 말은 우리 아이에게 해당하지 않았다.

　지연이가 두 돌이 되기 전까지 통잠을 자 본 적이 없다. 밤에 꼭 두 번 이상은 깼고 그때마다 새벽 수유를 했다. 보통 생후 6개월이 지나면 새벽 수유를 줄이고 밤에 쭉 자는 연습을 시키기도 한다.

　지연이는 적게 먹다 보니 밤에도 자주 깼고 몸무게가 작아 안 먹일 수 없었다. 보통 6개월 아이가 분유를 한번 먹을 때 200mL 이상은 먹는다면 지연이는 100mL만 먹어도 기적이었다. 영유아 검진하면 항상

하위 5% 영역이었다. 조금씩 자주 먹다 보니 젖병도 금방 쌓였다. 하루가 아이 먹이고 젖병 닦는 일로 다 갔다.

"어머, 귀여워라. 아직 백일 안 됐죠?"
"6개월이에요. 저희 아이가 좀 작긴 하죠."
엘리베이터에서 마주친 아주머니가 묻는다. 아이가 작으니 백일 땐 신생아로 봤고, 6개월이 되니 백일 된 아이로 봤다. 주변의 말들이 스트레스로 다가왔다. 어떻게 해야 잘 먹는 아이로 키울 수 있을지 늘 고민이었다. 나는 점점 예민해지기 시작했다. 나를 괴롭히려고 태어났나? 전생에 죄를 많이 지어서 나만 힘든 육아를 하는 건가? 하는 생각도 했다.

친정 식구든 남편이든 옆에서 항상 도와주는 사람이 있으면 좋겠지만, 현실적으로 힘든 일이었다. 친정과 시댁이 지방에 있어 대부분 혼자서 아이를 돌봐야 했다.

하루의 스트레스가 쌓여 저녁이 되면 허탈했다. 분명 하루가 정신없이 바빴지만 제대로 된 것이 없어 보였다. 티 나지 않는 집안일, 반복되는 육아에 체력은 이미 소진되었다. 내가 잘하고 있는지 알 수 없었고 나만의 시간을 가질 수 없다는 답답함도 컸다. 아이의 울음소리도 외면할 만큼 아무것도 하기 싫은 날이면 죄책감과 우울함이 커졌다.

야근과 회식이 잦은 회사에 다니는 남편은 집에 일찍 들어오기가 힘들었다. 그래도 나와 교대해줄 사람은 남편뿐이라 남편의 퇴근을 기다렸다. 남편이 일찍 오면 오늘 하루 힘들었단 하소연도 하며 육아에서 해방되고 싶었다. 하지만 그도 이미 모든 에너지를 회사에 쏟고 와서 인지 파김치가 되어 돌아왔다. 남편에게 아이를 맡기고 좀 쉬고 싶은 마음이 컸지만, 힘들어하는 그를 보면 그럴 수도 없었다.

"도대체 나는 언제 쉬어? 퇴근도 없고 도와주는 사람도 없잖아!"

당장 내 육아가 너무 힘들어 남편의 사정을 이해해주지 않고 날 선 말들을 잔뜩 쏟아낸 적도 있다. 아이가 태어나고 남편은 회사생활이나 인간관계가 달라진 게 없는데 나만 모든 게 달라진 것 같아 원망스럽고 우울했다. 둘 다 힘든 하루를 보내고 있으니 서로에게 예민함이 더해갔다. 육아, 가정, 회사 모든 것이 뒤죽박죽이었다.

지연이가 일곱 살이 되었다. 나의 시선이 조금은 여유로워졌다. 지난 몇 년간 첫째를 키워보니 세월의 빠름을 체감한다. 빨리 크기만을 기다렸는데 어느새 훌쩍 커 있는 모습에 새삼 놀라곤 한다.

둘째는 첫째 키울 때만큼 힘들지 않다. 이미 첫째 육아를 경험해서 인지 금방 적응했다. 뒤집고, 앉고, 기고, 잡고서는 이 모든 성장 과정이 그저 예쁘다. 아이의 행동 하나하나에 남편도 나도 시선이 멈춰 입꼬리가 올라갈 때가 많다. 몇 년 뒤 그리워질 것이라는 걸 알기에 눈에 더 담아두려고 한다.

첫째 때는 모든 것이 서툴고 바뀐 환경에 적응하지 못해 내가 힘든 것만 생각했던 것 같다. 둘째가 태어나고 오히려 덜 다투고 부모로서 부부로서 마음이 여유로워 짐을 느낀다. 한번 해봤다고 둘째는 먹는 것, 키우는 것에 조금은 노련해졌다. 독박 육아 물론 힘들지만 익숙해지니 어떨 땐 혼자서 아이들 보는 것이 편하다.

남편을 많이 이해하려 하고 있다. 내가 힘든 만큼 상대도 힘든 부분이 있을 텐데 예전에는 그런 것을 볼 여유가 없었다. 독박 육아가 나에게 준 교훈일까. 상대를 편안하게 해주는 것이 내가 편안해지는 것임을 많이 느낀다. 우습게도 나의 잔소리 폭격을 멈추니 관계가 조금은 나아지는 것 같다. 아이들을 키우며 나도, 우리 부부도 함께 크고 있다.

힘든 일상을 견딘다는 것

"아주 좋아요. 내가 이제 체크 할 것이 없어요. 졸업!"

수술해준 교수님이 아이의 머리를 쓰다듬어 주셨다. 지연이가 심장 수술한 지 5년이 지났다. 두 번의 심장 수술 후 1년에 한 번씩 정기검진을 받는다. 그만 와도 된다는 말에 미소가 번졌다. 얼마나 듣고 싶었던 말인지 모른다.

3킬그램도 안 되는 신생아 때 수술했는데 벌써 일곱 살이 되었다. 비염으로 콧물을 늘 달고 살긴 하지만 건강하게 잘 자라주고 있다. 어떤 땐 심장 수술했다는 사실도 잊고 산다.

아이의 가슴 가운데 약 10cm쯤 되는 수술 흉터와 배꼽 옆엔 흉관 삽입한 흉터가 있다. 딸이라 혹시 흉터를 싫어할까 봐 걱정했다. 관련 연고나 치료법에 대해 검색하던 중 어떤 댓글이 내 마음을 울렸다.

"저는 아이 가슴에 흉터 제거 안 해요. 흉터는 우리 아이를 살린 훈장이라고 생각해요. 아이가 물어본다면 이 흉터는 네가 건강하게 살고 있다는 증거야 라고 말해 줄 거예요."

그 글을 읽고 흉터 치료에 관한 관심은 접었다. 다른 사람이 흉터에 관해 물었을 때 아이가 스트레스 받지 않을까 하는 생각을 했었다. 흉터 제거를 원했던 것은 아이를 위해서도 있지만 나 때문에 지우고 싶은 마음도 있었다.

처음에는 아이가 아팠던 것을 숨기고 싶었다. 누군가가 흉터를 보고 왜 그런 거냐고 물어볼까 봐 두려웠다.

여름철 지연이와 벤치에 앉아 음료수를 마시고 있었다. 목이 드러난 옷 사이로 아이 흉터가 보였나 보다. 옆에 계시던 아주머니가 물었다.

"여기 왜 그래요?"

"아기 때 심장 수술했어요."

"아이고. 큰 수술 했구나. 힘드셨겠네."

침묵이 흐르고 눈시울이 붉어졌다. 나에게 아이의 수술이 너무나 힘든 시간이었기에 다시 마주하는 것이 힘들었다. 아이가 아팠던 것을 이야기하려고 하면 눈물이 쏟아져 말을 할 수가 없었다.

몇 년이 지나니 이젠 누가 물어도 덤덤하게 얘기할 수 있다. 오히려 듣는 사람이 눈시울을 붉힌다. 흉터 자국 안 지워도 된다.

지연이가 심장 수술하기 전 가입한 카페가 있다. 그곳의 부모님은 아이의 심장에 대해 함께 공부하며 의학적인 지식을 쌓고 있었다. 수술 한두 번으로 완치되는 아이들도 있었고 평생 치료해야 하는 아이들도 있었다.

같은 아픔을 가진 이들이 정보도 교환하고, 경제적으로 어려운 분에게는 도움을 주며 서로 힘이 되어주는 곳이었다. 한 번도 본 적 없는 사람들이지만 모두가 한마음 한뜻으로 아픈 아이와 부모를 응원해주는 곳이었다. 그곳엔 심장 아픈 아이들이 생각보다 많았다.

블로그에도 아이 수술 전과 후 모든 과정을 올린 사람들이 적지 않았다. 비용, 정부 지원 여부, 수술 후기, 회복기 등 아주 자세하게 적혀 있었다. 그들의 글을 읽으며 함께 마음 아프기도 했고 회복되어 가는 아이를 보면 기쁘기도 했다.

같은 아픔을 가진 이들에게 경험을 나누고 도와주려는 모습을 보면서 따뜻함을 느꼈다. 힘든 시간이지만 숨김없이 드러내고 공유해주는 사람들을 보며 누군가는 힘을 얻는다. 나도 언젠가 나의 경험으로 다른 이들에게 도움을 주고 싶다는 생각을 해본다.

과거의 힘든 경험에서도 분명 얻는 것이 있다. 온라인에서 찾아보면 이미 같은 아픔을 겪어낸 사람들이 많았다. 그들의 경험에서 미리 배우고 준비할 수 있었다. 가족과 친구들의 위로 속에서 힘낼 수 있었다. 혼자 끙끙대며 슬퍼하기보다 적극적으로 방법을 찾아야 함을 느꼈다. 힘든 일이나 문제가 생길 때 해결 방법에 초점을 두기 시작했다.

이미 일어난 일. 어떻게 해결해야 할까?

나와 비슷한 상황의 사람들은 어떻게 했을까?

아이가 아파 수술했던 경험을 통해 힘든 상황을 좀 더 유연하게 대처하려는 마음가짐이 생겼다. 이미 경험한 사람들의 구체적인 사례와 방법을 찾아보는 것. 좀 더 지혜롭게 극복해보고자 하는 것이다. 내가 성장할 수 있는 시간을 잘 넘겨보겠다고.

힘든 일상을 견딘다는 것. 힘들었던 기억도 무뎌지고 나를 더 단단하게 성장시켜주는 시간이 되리라 믿는다.

완벽하지 않아도 괜찮아

직장에 복직하면서 생각이 많아졌다. 16개월 된 지연이를 어린이집에 맡기고 출근하는 것이 마음에 걸렸지만 다시 일하면 육아에서 조금은 해방되고 나로 살 수 있을 것 같았다.

결혼 전에는 퇴근 후면 함께 일한 동료와 저녁을 먹거나 한강에 가곤 했다. 이제는 아이가 있어 예전처럼 퇴근 후 시간을 자유롭게 쓰는 것이 힘들다. 자연스럽게 동료와도 멀어지는 것 같아 아쉬운 마음이 들었다.

퇴근 후 아이 돌보는 것은 온전히 나의 몫이었다. 꼼짝없이 아이를 데리러 가야 했다. 친구들과 저녁 약속을 잡거나 회식에 참여하고 싶은 마음이 컸지만, 항상 육아를 교대해줄 남편의 도움이 관건이었다.

내가 주말 출근하거나 친구들과 약속을 잡는 날이면 남편이 혼자 아이를 돌보기도 했다. 육아에 지친 남편이 말했다.

"자기가 거의 육아를 하니까 애가 엄마만 찾아. 내 말은 잘 듣지 않아서 좀 힘드네."

아이를 맡기고 밖에서 사람들을 만날 때면 남편이 마음에 걸렸다. 아이를 두고 나오면 누군가와 함께 있는 그 자리에 집중하기가 힘들었다. 한편으로는 남편도 혼자 아이를 돌보며 내 고충을 알아줬으면 하는 마음도 있었다.

맞벌이다 보니 남편도 나도 지칠 때가 많았고, 서로 자기가 더 힘들다 이해해 달라며 다툴 때가 많았다. 감정의 밑바닥까지 드러냈다. 아이도 키우면서 직장생활도 잘하고 친구들과도 자주 만나며 남편의 이해를 바라는 것은 욕심이었다. 모든 것을 다 해내려고 하니 결국 남편과 불화로 이어졌다. 여느 20대 친구들처럼 똑같이 살 수 없는데 그 삶을 너무 갈망했다. 엄마가 된 후 친구 관계나 직장 관계가 조금씩 달라지는 것이 어쩌면 당연한데 인정하고 싶지 않았나 보다. '나'라는 사람을 친구들 사이에서, 예전 관계에서 찾으려고 했다.

모든 관계에서 잘해보려고 하는 마음을 내려놓으니 한결 편해졌다. 무리하게 약속 잡고 신경 쓰면 결국 그 시간을 내어주는 남편과 마찰이 생기기고 스트레스를 받았기 때문이다.

"왜 나만 힘들어."라는 나의 말엔 '당신도 좀 힘들어 봐'라는 마음이 있었나 보다. 사실은 남편도 나에게 시간을 주려고 많이 노력하고 애

써주고 있었는데 말이다.

나에게 가장 중요한 것이 무엇인가 생각해보니 가족이었고 가족과 불화 없이 잘 지낼 때가 제일 행복했다. 어떤 것을 더 우선순위에 두고 집중할 것인지를 생각했다. 엄마가 육아의 비중을 많이 두었다면 아빠는 가정의 경제적인 부분을 위해 회사에서 시간을 더 많이 쏟아 부을 수도 있다. 그렇게 생각하니 남편에게 서운한 감정이 조금은 줄어들었다.

편안한 가정부터 만들어보려 한다. 부부의 관계, 부모와 자식 관계가 좋은 것이 타인과의 관계보다 더 먼저이지 않을까 싶다. 여전히 남편과 사소한 일로 다투기도 하고 날 선 말을 쏟아 낼 때도 잦지만, 최대한 그날 안에 화해하려고 한다. 나쁜 감정을 오래 두지 않으려 한다.

아이들이 있으니 우리 모습에 더 신중해진다. 아이들 앞에서도 다퉜다면 화해하는 모습도 보여주고 왜 다투었는지도 얘기해준다. 부족하면 부족한 대로 인정하고 더 나아지려고 하는 것으로 충분하다.

지금은 엄마로 살면서 나 자신으로도 사는 법을 찾아가고 있다. 너무 애쓰지도 완벽하지도 않으려 한다. 다른 엄마들과 비교하며 남들하는 만큼 다 해주지 않아도 괜찮다는 것을 안다. 이유식 사서 먹여도 되고 집이 어질러져 있어도 괜찮다. 겨우 돌이 지난 아이 어린이집에 맡기고 일하는 것도 괜찮다. 내 나름의 방식으로 아이를 사랑하며 온 힘을 다하고 있으니까.

아이의 행복은 나를 사랑하는 것부터가 시작임을 안다. 나의 꿈도 놓지 않으려 한다. '엄마'라는 벽에 부딪히지 않으려면 완벽지 않아도 괜찮아야 한다. 최선을 다하고 있음에도 따라다니는 죄책감은 밀어내 본다. 자신의 감정을 바라보고 인정하는 것으로 충분하다. 완벽하기 위해 살아가는 것이 아니라 행복하기 위해 살아가는 것이니까.

Chapter 2.
엄마, 책을 만나다

내 인생을 바꾼 책 한 권

2017년 11월. 이사 갈 집을 찾고 있었다. 집은 그저 가족이 함께 사는 공간이라고 생각했다. 어디에 살든 크게 상관없었다.

첫 신혼집은 지하철역 근처 투룸 빌라였다. 대학교와 가까워 학생들과 직장인이 많이 살았다. 놀이터, 공원, 어린이집, 아이 병원과는 거리가 멀었다. 전세 만기가 돌아오자 재계약을 할지 다른 곳으로 이사 갈지 고민했다. 아파트 전세라도 가고 싶지만, 우리 사정으로는 힘들 것 같았다. 최대한 보증금과 월세가 적게 드는 곳 위주로 알아봤다. 비교적 월세가 저렴한 행복주택에 문자 알림 서비스를 신청하며 이사 갈 집을 찾았다.

그때 내 집 마련에 관한 책을 읽게 되었다. 아직 노후는 나와 상관없는 일이라 생각했고 현재 편한 것만 생각했다. 월세와 전세, 매매의 차이를 크게 느끼지 못했고 살아보면 다 비슷할 것 같았다. 당장은 월세와 전세 사는 것이 쉬울 수 있다. 하지만 노후 준비가 제대로 되어있지 않으면 경제활동을 할 수 없을 때 감당이 안 될 수 있다는 생각이 들었다.

사는 것에 당장 크게 불편한 것이 없으니 내 집 마련과 노후 준비에 관해서는 줄곧 외면해 왔다. 하지만 아이를 키우다 보니 조금씩 생각이 달라졌고 내 집 마련에 관심이 생겼다. 지금부터 준비해야겠다는 생각이 들었다. 그것도 서울에 말이다.

한 해 한해 아파트 가격도 오르고 물가도 오른다. 하지만 우리의 월급은 그것을 감당할 만큼 빠르게 오르지 않는다. 인플레이션에 방어하기 위해서라도 소중한 자산을 지켜 줄 내 집 한 채는 꼭 있어야겠다는 생각이 들었다. 내 집이 생긴다면 2년마다 이사 다닐 걱정을 하지 않아도 되겠다는 생각이 들어 더욱 간절해졌다.

살고 있던 빌라 보증금에 대출을 좀 더 받으면 구축 아파트는 가능할 것 같았다. 처음에는 남편이 동의하지 않았다. 상황을 지켜보며 청약으로 천천히 집을 마련하고 싶다고 했다. 오랜 대화 끝에 결국 남편을 설득했다.

서울에서 외곽이긴 하지만 가용자산에서 아파트를 찾아 매수할 수 있었다. 책을 읽고 행동한 것 중 가장 큰 경험이었다. 그때 그 책을 만난 것에 감사하다. 책을 통해 내 집 마련의 목표를 가지게 되었고 그 후에는 경제에 관심이 생겼다. 목표를 정하고 행동하면 좋은 결과로 이어질 수 있다는 자신감도 얻게 되었다. 그 결과 좀 더 나은 곳으로 한 번 더 집을 갈아탈 수 있었다. 가족과 좀 더 나은 삶을 살고 싶다는 소망이 있었기 때문이다.

변화는 내 마음가짐에 달려있다. 상황에 따라 가슴에 콕 박히는 문장이 있다. 그 자극에 반응할지 말지는 내 선택이다. 만약 그 책을 읽지 않았다면, 행동하지 않았다면 여전히 경제와 부동산에 관심이 없었을 것이다.

우연히 읽게 된 그 책은 나에게 인생 책이 되어주었다. 어쩌면 우연이 아닐 수도 있다. 좁은 빌라에서 아이를 키우는 것에 결핍이 있었고 집에 관해 관심이 생기던 중 만나게 된 책이니까 말이다.

책 한 권을 읽고 인생이 대단히 바뀐 것은 아니지만, 책을 좋아하게 됐다. 책을 읽고 행동한 경험이 내가 살아가는 데에 큰 힘이 되어주었다. 읽으면 읽을수록 나의 부족함을 느꼈고 조금씩 채워보고 싶어졌다.

육아에서 고민이 생길 때도 책에서 답을 찾고 있다. 선배 엄마들이나 주변 지인들에게 도움을 받는 것도 좋지만, 책은 좀 더 객관적이고 확실한 정보를 얻을 수 있다. 마음이 힘들다면 위로를 전해주는 에세이도 좋다. 책으로 얻는 위안은 오랫동안 마음속에 깊은 울림을 준다.

엄마 먼저 행복해지기

커피 기프티콘이 3장 생겼다. 남편이 미용실에 간단다. 오는 길에 커피를 부탁했다. 카톡으로 바닐라 라떼, 딸기 스무디, 나머지 하나는 남편이 먹을 아메리카노를 말했다.

평소 커피를 좋아했지만, 임신과 모유수유로 마시고 싶어도 참았다. 둘째가 백일이 지났으니 커피를 마시기로 했다. 하루에 한 잔 정도는 괜찮다고 들었다.

남편이 주문한 커피를 사서 집에 돌아왔다. 지연이에게 딸기 스무디를 주고 바닐라 라떼를 집어 들었다. 한 모금 넘긴 순간 남편이 말했다.

"뭐야, 수유 중인데 왜 커피 마셔?"

"한 잔인데 뭐 어때. 나 커피 마실 거야."

"안 먹었으면 좋겠는데. 지연이랑 딸기 스무디 나눠 마셔. 난 그냥 시킨 대로 사 온 건데 자기가 커피 마신다고는 생각 못 했어."

"커피가 두 잔이잖아. 바닐라 라떼는 내가 먹으려고 시킨 건데?"

아주 사소한 것으로 다툼이 시작됐다. 남편은 별 의심 없이 시킨 대로 음료를 사 왔고 내가 커피를 마실 거로 생각하지 못한 것이다. 임신했을 때도 남편은 아이에게 혹시나 해가 갈까 봐 내가 커피 마시는 것을 싫어했다. 특히나 모유 수유 중인데 커피를 마신다니 기겁한 것이다.

오랜만에 커피 마실 생각에 매우 들떠있었는데 남편이 마시지 말라고 하니 기분이 상했다. 별것도 아닌 상황에 이렇게까지 싸우는 것이 어이없기도 했다.

다툼은 늘 별것 아닌 것에서 시작된다. 정말 사소한 것이었다. 의사소통 부족이었다. 남편이 내가 커피 마시는 것을 싫어하는 것을 알기에 미리 설명해야 했다. 아이가 백일이 지났고 하루 한 잔 정도는 아기에게 큰 영향이 가지 않는다고. 나는 커피를 마실 것이라고 명확히 말할 걸 그랬다. 하지만 다툴 땐 서로 잘못을 탓하며 기분 나쁘게 몰아세운다. 사소한 다툼으로 온 집안 분위기가 가라앉았다. 지연이가 가라앉은 분위기를 풀고 싶은지 일부러 얼굴을 들이밀고 씩 웃는다. 나도 따라 활짝 웃어주고 싶었지만, 기분이 좋지 않아 머리만 쓰다듬어 주었다.

시간이 지나자 화난 감정이 가라앉았다. 먼저 사과하기로 했다.

"미안해. 내가 말이 좀 심했지."

"나도 미안해. 커피 마셔도 되는 거면 다시 사줄게. 내가 잘 몰랐어."

결혼하고 처음에는 잘못했다는 생각이 들지 않으면 사과하지 않았다. 독박 육아에 남편과 잦은 다툼으로 나는 꼬일 대로 꼬여 있었다. 나만 힘든 것 같고 내가 많이 참고 있다고 생각했다. 아이가 있어 화난 감정을 시원하게 뱉지도 못했다. 답답하고 종일 무기력했다.

요즘은 안 좋은 감정의 기복에서 빨리 빠져나오려고 한다. 다툼 후에는 최대한 먼저 사과하려 한다. 객관적으로 보려는 노력이 필요했다.

책을 읽으며 알게 됐다. 마음가짐과 태도가 얼마나 중요한지. 갈등의 원인은 관계와 대화방식에 있다는 것을 알게 되면서 나의 말에 조금씩 조심하게 되었다. 말은 생각과 감정에서 오기에 부정적인 생각에서 빨리 빠져나와야 한다는 깨달음을 얻었다.

부정적인 감정을 느끼고 있음을 인정하고 그 감정을 판단하지 않고 객관적으로 바라보려 한다. 그렇게 하니 감정조절에 도움이 되었다.

시작은 자신을 사랑하는 데에 있다. 엄마가 먼저 행복해야 한다. 좋아하는 영화를 보거나 동네 산책을 하며 충전하는 시간을 갖는 것도 좋다.

우리 가정을 행복하게 만드는 것도 나의 책임이라는 생각이 들었다. 행복한 가정을 만드는 데에는 엄마의 영향이 가장 강하다. 가장 빨리 바꿀 수 있는 것은 '나'이기 때문이다.

내가 먼저 행복해지려 한다. 나를 찾기 힘든 시간 속에서 나를 돌보는 연습을 하고 있다. 엄마가 행복하면 아이도 가정도 행복해질 수 있다고 믿는다.

내일을 기대하다

2019년 9월. 직장에서 자체적으로 진행하는 독서모임에 참석했다. 선정된 책은 경제 분야의 서적이었다. 경제 서적은 많이 읽어보지 않아 조금 부담스러웠다. 읽으면서 모르는 용어를 검색하느라 좀처럼 진도가 나가지 않았다. 겨우 다 읽고 나서 나름대로 독서 노트에 내용을 정리하며 준비했다. 해야 할 말을 미리 생각하고 갔음에도 막상 말하려니 머릿속이 하얘졌다. 다른 사람들 앞에서 책을 읽고 내 생각을 말하는 것이 처음이라 무슨 이야기를 했는지도 기억이 안 난다.

마지막으로 원장님 순서가 왔다. 저자의 생각에 무척 공감한다면서, 부동산에 대해 이런저런 이야기를 들려주셨다. 책을 꼭 처음부터 끝까지 다 읽을 필요는 없다고 하셨다. 목차를 보고 자신에게 끌리는 부분을 골라 읽고 느끼는 바가 있다면 그걸로 그 책은 다 읽은 것이라고 하셨다.

치과에서 근무했다. 입사한 지 얼마 안 되었을 때 원장님과 면담한 기억이 났다. 원장실에는 전공서적 외에도 다양한 책들이 가득 꽂혀있었다. 그때 원장님이 책을 선물로 주셨다. 책을 참 좋아하신다는 것을 느낄 수 있었다. 문득 원장님의 하루가 문득 궁금해 여쭤보았다.

"원장님 매일 바빠 보이시는데 책은 언제 읽으세요?"

"저는 항상 새벽 5시에 일어나요."

"네? 5시라고요?"

새벽 5시에 일어나 매일 책도 읽고 수영한다고 하셨다. 정말 깜짝 놀랐다. 그때 내 생각에 원장님은 성공한 사람이었고 부자라고 생각했다. 돈을 많이 벌면 놀면서 편하게 사는 줄 알았다. 더 이상의 노력은 안 해도 되는 줄 알았다. 그땐 새벽 기상의 이유를 몰랐고 책도 즐겨 읽지 않았다. 주도적으로 산다는 것이 어떤 느낌인지 몰랐다. 부자도 아무나 되는 것이 아니구나, 이런 사람들이 부자가 되는구나 싶었다.

집에 가는 길, 편한 것에 익숙해져 있는 나를 바꿔볼 필요가 있겠다고 생각했다. 그때는 느끼지 못했지만 지금 와서 생각해보니 원장님은 책에서 말하는 부자의 삶을 그대로 살고 있었다. 새벽 기상, 운동, 독서를 하며 항상 많은 사람에게 꿈을 공표했다.

성공한 사람의 이야기를 옆에서 직접 듣는다는 것, 그리고 함께 독서모임을 한다는 것이 감사하게 느껴졌다. 나와 다른 삶을 사는 사람들의 이야기, 자신의 인생을 주도적으로 사는 사람의 이야기를 들을 수 있는 것이 참 좋았다. 그들의 이야기를 들으며 자극받았다. 책을 읽고 성장하고 발전하고 싶다는 생각이 들었다.

원장님은 독서 모임뿐만 아니라 개인적으로 지인들과 함께하는 다양한 커뮤니티 모임이 있는 듯했다. 유명한 교수님의 강의, 리더십 프로그램, 토크쇼 등에도 희망하는 직원들은 무료로 참석할 기회를 주셨고, 그때마다 나는 무조건 신청했다. 그곳에는 내가 평소에 만날 수 없는 다양한 직업군의 사람들이 모여있었다.

'내가 사는 세계와 그들이 사는 세계가 이렇게 달랐구나.'

'누구를 만나고, 어떤 환경을 접하느냐도 참 중요하겠구나.'

계속해서 책을 읽고 새벽 기상을 하며 자기관리를 하는 사람들, 사회적으로 지위가 높은 사람들도 많았다. 이렇게 열정적인 하루를 보내는 사람들을 보며 느꼈다. 평범한 월급쟁이인 내가 그저 그런 하루를 살면서 더 나은 삶을 꿈꾸고 있었다니 부끄러웠다.

변화할 필요가 있었다. 내가 원하는 삶을 주도적으로 살고 싶다면 당장 적용해볼 수 있는 것은 독서라고 생각했다. 성공한 사람들의 이야기가 담긴 책을 읽으며 그들이 어떻게 하루를 사는지를 읽고 따라 하고 싶어졌다. 매일 조금씩이라도 아이가 잠든 뒤나 새벽에 일어나 책을 읽었다.

특히 엄마들이 쓴 책은 공감도 되고 나도 할 수 있다는 동기부여가 되었다. 삶의 방향을 나를 향해 바꾸기 시작하면서 책 읽는 시간이 행복해졌다. 책을 읽으며 나에게 질문을 많이 했다. 내가 원하는 가정의 모습은 어떤 것인지, 어떤 엄마가 되고 싶은지, 무엇을 하며 살아야 할지 물었다. 내일을 기대하며 크고 작은 꿈이 생겼다.

내일을 기대하는 힘을 갖는 것이 중요하다. 조금씩 사소한 것에서 시작해도 좋다. 몇 페이지를 남기고 덮어둔 책, 나만의 새벽 시간, 곧 필 것 같은 꽃. 내일이 기대될 수 있는 사소한 것들이다. 작은 기대로 풍요를 느끼면 좋겠다. 삶이 늘 좋기만 할 수는 없지만 내가 만들어 놓은 것들로 소소한 기쁨을 느끼려 한다. 내일을 기대하는 힘으로 나를 잃지 않으려 한다.

나를 잃지 않고 살기

"엄마, 나 어린이집에서 혼자 놀고, 혼자 밥 먹고, 혼자 잠들었어."

"우리 딸 씩씩하네. 코로나 때문에 다른 아이들이 많이 안 왔나 봐."

20년 3월. 코로나 19로 인해 어린이집이 긴급보육으로 대체되고 가능하면 가정 보육해달라는 연락을 받았다.

맞벌이라 가정 보육을 할 수 없어 걱정되었지만, 아이를 어린이집에 보냈다. 지연이는 반에서 혼자 등원하는 아이였다. 반에서 선생님과 혼자 있는 지연이의 모습을 떠올리니 마음 아팠다. 한편으로는 다른 아이들이 나오지 않으니 오히려 안심할 수 있겠다며 스스로 위안 삼았다.

직장에서 코로나 유급휴가 신청자를 받았다. 정부 지원으로 급여의 70%를 받을 수 있는 휴가였다. 워킹맘인 나에게는 절호의 기회였다. 휴가를 내고 아이를 마음 편히 집에서 돌볼 수 있었다.

그동안 출근 시간에 늦을까 아이를 채근하며 바쁘게 준비시켰다. 어린이집에 제일 먼저 등원하고 제일 늦게 하원하는 아이가 지연이었다. 늘 지연이에게 미안한 마음이 컸는데 이번 기회에 조금은 만회할 수 있을 것 같았다.

가정 보육을 시작한 지 2주가 지나자 점점 힘에 부치기 시작했다. 삼시 세끼 간식까지 해먹이며 종일 아이와 집에만 있기는 쉽지 않았다. 상냥한 엄마였다가 버럭 화내는 엄마가 되기를 반복했다. 하루에도 수십 번 감정이 롤러코스터를 탔다. 이대로는 안 될 것 같아 잠시라도 아이를 어린이집에 보내고 나만의 시간을 갖기로 했다.

아이를 어린이집에 보내놓고 혼자 있는 여유에 행복해졌다. 엄마가 되니 사소한 것에 행복을 느낄 때가 많다. 특히 시간 앞에서는 더욱 그렇다. 이 시간에 출근하지 않고 집에 혼자서 있을 수 있다니. 오랜만에 느껴보는 여유에 가슴이 설레었다.

상황은 늘 상대적인 것 같다. 첫째 육아 휴직 때는 일하는 것이 그리 웠는데 막상 일을 다니니 집에 있고 싶었다. 집에서 혼자 있는 시간이 좋았다. 이왕 이렇게 나의 시간이 생겼으니 꼭 의미 있게 쓰고 싶었다. 지연이를 어린이집에 데려다 주고 말했다.

"지연아. 친구들이랑 재미있게 놀아. 엄마 열심히 공부할게!"

아이가 나에게 선물해 준 시간이라고 스스로 의미를 부여했다. 그래야 내가 그 시간을 허투루 쓰지 않을 것 같았다. 책을 마음 편히 읽고 싶었다. 육아서적부터 읽었다. 아이에게 늘 화내고 후회하기를 반복하며 가슴이 답답한 적이 많았다. 책을 읽으며 '나'를 객관적으로 바라보고 '화'라는 감정을 조절하고 싶었다. 육아서를 보며 나의 감정 하나하나 들여다보고 나와 아이를 이해하려 했다.

나만의 시간을 갖자 스트레스가 풀렸다. 흔히 말하는 '집순이'와 나는 거리가 멀었다. 결혼 전에는 혼자 집에 있는 것이 싫었다. 외로움을 많이 탔기 때문에 누구를 만나도 꼭 만나야 했고 쇼핑하던, 집에 누군가를 데려오던 함께 있는 것을 좋아했다. 하지만 아이를 키우다 보면 나의 기본적인 욕구도 채울 수 없을 때가 많다. 먹는 것 자는 것 무엇 하나 내 마음대로 할 수 없었다. 아이가 시간을 허락해야 가능했다. 그러다 보니 혼자 있는 시간이 소중하고 행복하다는 것을 알게 되었다. 나만의 시간을 무조건 지켜내야겠다는 생각이 들었다.

엄마로 살다 보면 나를 잃게 되는 느낌을 받을 때가 많다. 아이 먹이는 것 재우는 것을 먼저 해주다 보면 정작 나는 못 챙길 때가 많았다. 직장과 육아를 병행하고부터는 더욱 그랬다. 엄마에게 자신만의 시간이 필요하다. 사색하고 성장할 수 있는 시간 말이다.

나를 잃지 않기 위해서 피곤하더라도 나만의 시간을 가지려 하고 있다. 반복되는 일상에 지치다 보니 내가 무엇을 좋아하고 무엇을 원하는지도 잊게 된다. 하고 싶은 꿈은 많은데 현실은 아이를 돌봐야 하고 퇴근하면 피곤해 아무것도 할 수 없었다.

하나씩 익숙했던 것들을 멀리하고 나를 채울 수 있는 것을 가까이하자 자존감도 올라갔다. 나를 채울 수 있는 것. 가장 가볍게 시작할 수 있는 것은 나에게 책이었다. 나만의 시간, 책 읽는 시간만큼은 꼭 사수하려 하고 있다. 이것이 나에겐 소소한 또 하나의 행복이 되었다.

나를 단단하게 해준 것들

"뭐 먹고 싶은 것 있어? 할아버지가 내일 서울 가면 다 사줄게."

"나는 요거트랑 초콜릿이랑 아이스크림이랑….."

순창에 살고 계시는 친정아버지께서 병원 검진 차 서울에 올라오셨다. 딸이 퇴근하기 전 먼저 집에 도착해 장을 한가득 봐두셨다. 삼겹살, 과일, 지연이가 먹고 싶다고 했던 요거트, 초콜릿까지 잊지 않고 사 오셨다. 어머니가 손수 만든 반찬과 남편의 화장품까지 가져오셨다. 홈쇼핑에서 샀는데 세 개나 된다면서 언제나처럼 무심한 듯 쓱 내미신다.

아버지가 밖에 나가서 저녁을 먹자고 하셨다. 아버지와 남편, 지연이 우리 넷이서 삼겹살을 배불리 먹었다. 남편과 아버지는 서로 계산하겠다며 사장님 앞에 카드를 내밀었다.

"오빠, 그냥 아버지가 내시라고 해. 우리 사주고 싶으신가 봐."

남편에게 조용히 말했다. 용돈은 못 드려도 맛있는 식사라도 사드리고 싶지만, 아버지는 항상 우리의 돈을 아껴주신다. 손녀딸 용돈까지 쥐여주고 가신다. 자식에게 맛있는 것 먹여주고 싶은 아버지의 마음을 존중해 드리고 싶었다. 그래야 아버지도 마음이 편하실 테니.

결혼 후 친정이 멀어 부모님을 자주 만나지는 못한다. 오랜만에 만나면 아버지의 등과 어깨가 더 구부러져 있어 마음이 아프다.

2020년 2월. 아버지는 간이식 수술을 받으셨다. 시골에서 농사지으며 사람들과 술을 즐기셨다. 병원에서 간경화 판정을 받는데도 아버지는 술을 끊지 못하셨다. 황달 증세가 심해져 급히 대학병원에 갔더니, 간암 초기라고 했다. 간이식 수술밖에 없다고 했다. 간이식을 위해 연년생 오빠가 공여자로 망설임 없이 수술대 위에 올랐다. 아버지는 오빠에게 간을 이식받고 다행히 지금은 아주 건강해지셨다.

아버지와 오빠가 수술하는 날 어머니는 많이 힘들어하셨다. 아픈 남편과 건강한 아들을 수술대 위에 올려야 하는 어머니의 마음은 오죽했을까.

2주간 어머니와 함께 아버지와 오빠를 병간호했다. 어머니는 병원에서 보호자 식사를 한 번도 신청해서 드신 적이 없다. 시골에서 밥을 냉동시켜와서 전자레인지에 돌리고 손수 싸 온 반찬과 함께 드셨다. 그런 어머니의 모습이 안타까웠는지 오빠가 카드를 내밀었다.

"엄마, 이걸로 식당에 가서 밥 사드셔."

"그래, 엄마. 나랑 내려가서 맛있는 것 먹자."

"됐다. 너희 돈 아껴라. 자꾸 사 먹어 버릇하면 못 모아. 집에서 밥 많이 가져왔어."

첫째 지연이도 여기에서 수술했다. 아빠와 같은 병원이다. 오빠와 아버지가 수술실에 들어갔을 때 지연이가 심장 수술했던 생각이 났다. 그때 얼마나 간절했는지 교회도 안 다니는 내가 울면서 친구들에게 기도 좀 해달라고 부탁했었다. 불안한 마음, 간절한 마음에 어떤 신이라도 믿고 싶었다.

다신 오고 싶지 않은 이곳에 또 오다니. 아이가 아픈 것도 서러운데 그때도 돈을 아끼겠다며 남편과 나는 병원에서 나오는 식사를 신청하지 않고 집에서 반찬을 싸 오거나 편의점에서 컵라면으로 끼니를 때웠다. 밥을 거르기도 했다.

아이가 아파서였을까. 마음 놓고 맛있는 음식을 먹을 수 없었다. 아이가 아프면 엄마가 힘내야 한다며 특식을 먹고 무조건 1인실만 쓰는 분도 있었다. 그때는 나를 챙기고 싶지 않았다. 병실도 일부러 6인실만 배정해달라 했다. 아이도 아픈데 내 주제에 맛있는 음식을 먹고 좋은 병실을 쓰는 것은 사치라고 생각했다.

돈이 많다면 내가 가족에게 해 줄 수 있는 선택지가 넓었을 것이다. 부모님께 당당하게 병원 특실을 예약해 드리고 옆에서 고생하는 어머니께 맛있는 식사도 매일 사드렸을 것이다. 부모님도 미안함 없이 당당하게 받으셨을 거다.

아버지와 오빠의 병실을 오가며 고생하시는 어머니를 보니 마음 아팠다. 허리도 안 좋으신데 좁은 보호자 침대에서 겉옷을 덮고 주무시는 모습에 죄송했다. 돈이 많았으면 좋겠다고 생각했다. 자신의 옷 한 벌, 신발 하나 좋은 것 사지 못하면서 자식, 손주에게는 용돈을 늘 넉넉히 쥐여주시는 분들이다. 병원에서 맛있는 식사 한 끼 마음 편히 못 드시는 모습이 마음 아팠다.

한편으로는 화도 났다. 어머니가 너무 아끼는 모습이 불편했다. 나 또한 지연이가 입원했을 때 내가 먹는 것과 불편한 것을 감수하고 돈을 아꼈다. 나는 괜찮다고 생각했다. 엄마가 되니 자꾸 나는 괜찮고 가족을 먼저 챙기게 된다. 우리 어머니처럼.

농사를 짓고 계신 부모님은 새벽 4시, 5시면 일어나 일을 하러 가셨다. 고된 농사일을 마치고 밤늦게 들어오시는 날도 많았다.

월급쟁이인 우리 부부도 비슷하다. 매일 출근하고 노동을 하는 대가로 월급을 받는다. 열심히 일하고 아끼며 살아도 살림이 여유롭진 않았다. 경제 서적을 읽으며 알게 되었다. 우리는 먹고살기 위해 시간과 노동을 팔아 돈을 받지만, 자본가들은 의미 있는 것, 하고 싶은 것을 하며 살아도 돈이 들어온다.

경제적으로 좀 더 나은 삶을 살고 싶다는 꿈이 더욱 간절해졌다. 아픈 가족을 돌보며 돈이 넉넉하지 않아 상대적으로 포기해야 할 게 많았던 것을 경험하면서다.

고난은 나를 단단하게 해줄 수 있다. 힘든 시간 속에서도 얻는 것이 있다. 경제적인 목표를 더욱 단단하게 만들어주기도 한다. 그저 힘든 기억으로 남길 것인지 의미를 부여해서 성장할 것인지는 나에게 달려 있다. 힘들었던 경험으로 긍정적인 의미를 발견해 보는 것은 어떨까.

나로 다시 살기 시작하다

아이가 아플 때면 이러지도 저러지도 못해 전전긍긍한 날이 많았다. 아이도 어린데 일한다고 직장에 민폐를 끼치는 것 같았고 아이에게도 미안했다. 그런데도 일을 놓고 싶지 않았다. 이렇게 하는 것이 맞는 것인지 수많은 고민을 했다. 아이 엄마이기도 하지만 나로 살고 싶은 마음도 컸다. 그때도 나에게 도움이 된 것은 책이었다. 직장과 육아 사이 균형을 잡는 것이 어려웠고 나만 뒤처지는 것 같다는 생각이 들기도 했지만, 책을 읽으며 방향성을 찾아갔다. 직장과 육아를 병행하며 '나'라는 사람으로도 조금씩 성장하고자 하는 마음을 잃지 않으려 했다.

돈 때문에 작은 선택에 망설임 없이 원하는 것을 하며 경제적으로 여유로워지고 싶다는 생각을 많이 했다. 특히 제테크 분야의 책을 읽으면서 그런 마음이 강하게 들었다. 가계부부터 제대로 써봐야겠다고 다짐했다. 그동안 월급과 생활비도 남편이 관리했다. 우리 부부의 수입이 정확히 얼마고, 매달 어느 정도의 지출이 되는지 관심이 없었다. 계획적이고 돈 계산이 빠른 남편에 비해 나는 그동안 충동적으로 소비했고 얼마를 썼는지 정확하게 계산하지 않았다. 경제적인 부분은 남편이 지금껏 잘 관리해 왔기 때문에 가계에 관심 두지 않았다. 앞으로는 내가 주도적으로 소득과 지출을 정확하게 파악하며 관리하고 싶어졌다.

"오빠, 우리 집 가계 관리를 이제 내가 해볼게. 책도 보고 강의도 들어보니 나도 할 수 있을 것 같아."

"그래, 자기가 한번 해봐. 응원할게."

새벽에 일어나 책도 읽고 나름대로 뭔가 하는 나를 보고 맡겨도 되겠다 싶었는지 남편이 흔쾌히 허락했다.

경제권을 맡게 되면서 우리 집 재무 상황과 방향성에 대해 다시 한번 생각해본 시간이었다. 부부의 통장을 합치고 엑셀로 가계부를 만들어 고정지출과 변동지출을 파악하여 예산을 세웠다. 1년에 얼마큼의 종잣돈을 모을 수 있는지 세산해 보았다.

그동안 삶에 계획 없이 살았다면 앞으로는 돈을 공부하고 나와 우리 가족을 위해 계획적으로 살아야겠다고 생각했다. 돈 공부를 해야겠다는 다짐을 하게 되자 하루를 의미 있게 보내고 삶을 계획하는 것이 즐거워졌다. 남편에게 맡겼을 때와 내가 스스로 해볼 때와 전혀 다른 삶이었다.

내가 원하는 것, 나에게 중요한 것을 찾기보다 다른 사람들과의 약속과 만남으로만 행복을 채우려 했던 지난날이 떠올랐다. 책을 읽으며 느꼈다. 나에게 집중할 수 있는 시간이 중요하다는 것을. 특히 엄마에겐 더 간절한 것이었다. 직장도 다니면서 육아도 잘 해내려면 어떻게 해야 하는지 고민했다. 나를 잃기 위해 어떤 것을 해야 할지 생각했다. 내가 변해야겠다고 다짐한 순간 이미 내 삶은 조금씩 변해가고 있었다. 다시 나로 살기 시작한 순간이었다. 내가 주도적으로 변화를 시도하자 반복되는 일상에서도 의미 있는 나만의 시간을 찾기 시작했다.

나로 살기 위한 일이 결국 우리 가족을 지키는 일이기도 하다. 결정권을 타인에게 맡기거나 의지하는 삶이 아닌 내가 주도적으로 이끄는 삶. 그것이 나로 사는 것이 아닐까. 아이 엄마로서 한 사람으로서 성장하고 있는 것만으로도 충분히 잘하고 있다고 말해주고 싶다.

Chapter 3
엄마가 된 후 새롭게 꿈꾼다

엄마의 인생을 결정하는 꿈

주말 오후 지연이가 놀이터에 가자고 졸라댔다. 둘째를 유모차에 태워 지연이와 함께 나갔다. 코로나 백신 접종 후 몸살기가 생긴 남편은 집에서 쉬게 하고 혼자 아이 둘을 데리고 나갔다.

마침 놀이터 공원에는 조롱박 축제가 한참 진행 중이었다. 지연이는 열심히 조롱박의 속을 파내고 그림도 그리며 놀이에 폭 빠져있었다. 한참 그림을 그리던 중 유치원 같은 반 친구들과 마주쳐 반갑게 인사를 나눴다. 매일 유치원에서 보는데도 아이들은 반가운지 양손을 잡고 껑충껑충 뛰며 웃어댔다.

공원에 자리 잡아 지연이와 소연이 사진을 남편에게 보냈다.

"오빠. 놀이터 공원에서 조롱박 축제 중이야. 유치원 친구들도 만나고 지연이가 무척 좋아한다."

"재밌겠다. 근데 이 동네가 애들 키우기에 좋긴 하다. 애들을 위한 행사도 자주 하네."

"그러니까. 이사 오길 잘했어. 다음에는 넷이 같이 오자."

2020년 9월, 노원구로 이사 왔다. 3천 세대가 넘는 대단지 아파트에 지하철역과 거리도 5분이다. 병원과 마트, 공원, 미술관도 걸어서 5분이면 간다.

아이를 키우기엔 주변 환경이 아쉬웠던 빌라와 나 홀로 아파트에 살다가 불편한 것이 많아 이사를 왔다. 입지가 좀 더 나은 아파트로 이사오자 한결 편안해진 일상에 감사함을 느낀다.

이사 오기 전 나 홀로 아파트에 살았다. 지연이의 축농증이 낫질 않아 석 달 내내 병원에 다닌 적이 있다. 퇴근 후 지연이를 어린이집에서 데려와 버스 타고 병원에 갔다. 집 근처에는 병원이 없었다. 진료 시간 내에 겨우 도착하거나 진료가 마감되어 집으로 돌아간 날도 있었다. 퇴근이 늦은 날이면 야간 진료하는 병원으로 30분 이상 운전해서 가기도 했다. 진료 대기 시간이 1시간은 기본이라 퇴근 후 집에 돌아오면 밤 9시가 되었다.

이사 가고 싶었다. 주변에 병원, 마트가 가까운 곳으로 말이다. 세대수가 많아 아이가 외롭지 않게 자랄 수 있는 곳이면 더욱 좋겠다고 생각했다. 아이를 위해 지금보다 더 나은 환경으로 이사 가고 싶다는 소망이 늘 있었었다.

책과 강의를 찾아봤다. 처음에는 경제적인 부담에 더 이상의 이사는 힘들 것으로 생각했지만, 방법은 있었다. 내가 알아보고 공부하는 만큼 다양한 길이 있었다.

엄마가 되고 꿈을 가지게 되었다. 예전에는 내 아이가 건강하게 잘 크면 좋겠다는 바람만 있었다. 엄마가 되기 전에는 꿈에 대해 진지하게 생각해보지 않았다. 그저 취직이 잘된다고 해서 치위생과에 진학했고 대학 졸업 후 치과에 들어갔다. 크게 원하는 꿈 없이 물 흐르듯 잔잔하게 살았다.

결혼하고 아이를 키워보니 잔잔하지 않은 날이 더 많았다. 엄마의 역할이 무겁고 힘들게만 느껴졌다. 내가 점점 없어지고 작아지는 것 같았다. 새롭게 꿈을 꾼다는 것은 불가능하다고 생각했다. 아이를 키우다 보니 부족한 현실에 자주 마주했다. 특히 거주의 문제가 그랬다. 남편은 크게 불편함을 느끼지 못했지만, 엄마인 나에게는 매일 불편했고 더 나은 환경에서 가족과 함께 살고 싶은 꿈이 있었다. 꿈이 생기니 내가 주도적으로 바뀌었다. 변화하고 성장하고 싶은 욕구가 강해졌다.

'좀 더 살기 좋은 곳으로 이사 가자. 세대 수 많은 곳으로.'

'불편한 것, 힘든 것에서 멈추지 말자.'

'불편한 것을 느끼고 또 느끼며 행동으로 옮겨야 해.'

원하는 것을 얻기 위한 나만의 이유를 찾아야 한다. 결핍 안에서 꾸는 꿈은 엄마에게는 최고의 동력이 되어준다. 엄마이기에 충분히 해낼 힘이 있다고 믿는다.

20대를 그저 육아와 일을 병행하며 보냈다면 30대는 다시 꿈을 꾸고 도전해보고 싶었다. 아이들에게도 꿈을 꾸고 새로운 도전에 머뭇거리지 않는 엄마의 모습을 보여주고 싶었다. 돌이켜보니 나의 20대가 너무 힘든 시간이 많았다. 나처럼 어린 나이에 엄마가 되고 혼란스럽고 힘들어하는 20대의 엄마들에게 따뜻한 조언과 응원을 전해주고 싶다는 작은 꿈을 갖게 되었다. 그래서 아이들을 재우고 한 글자씩 적기 시작했다. 나는 이제 엄마로서만이 아니라 더 나아가 작가로서 그리고 1인 기업가로서의 꿈을 꾸고 있다. 누구의 엄마, 누구의 아내로 사는 것도 좋지만 내 삶을 주도적으로 이끌 나만의 꿈을 꾸며 공부하고 있다. 나의 꿈을 단단하게 해주는 아이들과 남편이 있어 감사하다. 엄마, 자신만의 꿈을 꾸어보길 바란다.

꿈을 꾸면 보이는 엄마의 강점

대학교 때 친하게 지내던 언니가 스마트스토어를 시작했다고 연락이 왔다. 처음이라 힘들긴 하지만 직접 옷을 떼와 홈페이지에 상품을 등록하고 판매하는 과정이 재미있다고 했다.

언니는 평소에 옷 입는 감각이 남달랐다. 늘 머리핀부터 해서 귀걸이 팔찌까지 다양한 액세서리를 하며 꾸미는 것을 좋아했다. 결혼 후 아이를 낳고서 아이의 옷도 신경 써서 입혔다. 항상 아이에게 입힌 사진을 SNS에 올렸고 주변 엄마들에게 반응이 좋았다.

"어린이집 등원 옷차림으로 좋네요! 어디서 사셨어요?"

"아이 옷 정보 좀 주세요."

게시물의 반응이 좋기 시작하자 아이 옷 브랜드에서 협찬이 들어오기 시작했고 시간이 흘러 지금은 직접 쇼핑몰을 열어 엄마 옷과 아이 옷을 판매하고 있다. 평소 자신이 좋아하던 것을 꾸준히 SNS에 기록하며 자신의 강점을 돈으로 바꾼 사례다. 언니는 원래 모델이 꿈이었다. 그런 언니가 SNS를 통해 잘하는 것을 인정받고 쇼핑몰을 운영하며 꽤 괜찮은 수입을 얻고 있다.

언니를 보며 나의 강점은 무엇일까 생각을 해보다가 내가 한동안 푹 빠졌었던 일을 기억해냈다.

2018년 3월. 첫 집을 마련했을 때 오래된 아파트라 수리하고 들어가기로 했다. 집을 예쁘게 꾸미기 위해 매일 인테리어 관련 정보를 찾아봤다. 벽지는 무슨 색으로 할지, 바닥은 어떤 스타일로 할지 매일 행복한 고민에 빠져있었다. 인테리어 사장님께 샷시, 타일 등의 장단점을 설명 듣고 상의하며 하나하나 꼼꼼하게 골랐다.

3주의 시간을 거쳐 전체적으로 하얗고 깔끔하게 집이 수리됐다. 수리 전과 후를 비교하면 완전히 환골탈태가 되어있었다. 집에 예쁜 가구와 소품으로 채우고 싶었다. 인테리어 박람회와 가구 브랜드의 쇼룸에 돌아다니며 마음에 드는 것은 사진으로 찍어 자료를 모았다. 유명 브랜드의 제품은 가격이 비싸니 저렴한 브랜드에서 비슷한 제품을 찾아 구매하여 집을 조금씩 채워나갔다. 집 꾸미는 것에 완전히 빠져있었다. 오래된 아파트지만 수리하면서 바뀌기 전과 후를 비교해 보는 재미가 꽤 있었다.

집을 수리한 기록을 남겨두기 위해 카페에 경험담과 사진을 올렸다.

사람들이 하나 둘씩 댓글을 달기 시작했다. 어느 업체에서 수리했는지, 어디에서 샀는지를 묻는 댓글이었다. 사람들에게 정보를 나눠주니 더 신이 났던 기억이 난다.

어릴 때부터 직접 손으로 만드는 것을 좋아했고 선물하는 것도 좋아했다. 지금도 내 손으로 직접 무엇인가를 만들고 꾸밀 때 기분이 좋아진다. 그리고 그것을 주변 사람들과 나눌 때 행복함을 느꼈다. 내가 어느 것에서 재미를 느끼는지, 몰입을 잘하는지를 떠올려 보면 그것이 강점이 되고 자산으로 바꿀 기회가 될 수 있다.

인테리어 노하우로 전자책을 낸 사람들이 있다. 수리할 때 체크리스트, 인테리어 비용, 입주 청소 정보 등 자기 경험을 바탕으로 노하우를 한 권의 책으로 만들어 온라인에 판매하는 것이다.

내가 좋아하는 것을 발견하고 더 정확히 알기 위해 공부하고 내 것으로 만들려는 노력이 필요하다. 나의 경험을 콘텐츠로 바꾸는 것이다. 강점을 돈으로 바꾸는 기회가 된다.

전자책이 있다는 것을 알고 난 뒤, 내 집 마련 노하우에 관한 전자책을 만들어 판매한 적이 있다. 전자책을 만들기 위해 내 집 마련에 관한 공부를 다시 한번 했고 지식을 좀 더 확장할 수 있었다. 결과에 대한 기대보다는 생산자가 되어 나의 경험을 콘텐츠로 만들어 보는 것 자체로 의미 있었다. 과정에서 배우는 것이 많기 때문이다.

평소 자신의 일상을 기록을 해보는 것도 좋다. 육아용품 사용 후기나 책 육아 팁, 아이의 이유식을 만들어 먹이는 과정 등 평범한 일상을 기록하며 돈을 버는 사람들도 있다. 꾸준히 해시태그를 걸어 팔로워를 모으고 매일 기록하다 보니 SNS 인플루언서로 활동하게 된 것이다. 그 경험을 토대로 자신에 대해 알 수 있고 새로운 꿈을 꿀 수도 있다. 내가 못 하는 것보다 잘하는 것, 강점에 집중해야 하는 이유다. 내가 잘하는 것이 뭐가 있을까. 또는 내가 좋아하는 것이 뭐가 있을까를 고민해 보며 일상을 기록하는 것은 의미가 있다. 그 기록들이 쌓여 어떤 좋은 기회를 가져다줄지도 모른다. 일상에 숨겨져 있는 자신의 강점을 발견해 내자.

꿈에 한 발짝 다가갈 로드맵 4단계

아이를 키우면서 돈과 시간으로부터 자유로워지고 싶다고 생각을 자주 한다. 아이 낳기 전에는 돈과 시간에 대해 크게 불편함을 느끼지 못했다. 돈은 매달 월급이 들어오는 것으로 충분했다. 시간도 일할 때를 제외하고 언제나 내 마음대로 쓸 수 있었다.

엄마가 되니 돈과 시간의 부족함을 자주 느낀다. 일하고 나서부터는 아이와 함께할 수 있는 시간, 나만의 시간이 부족하다고 느낄 때가 더욱 많았다. 가족들과 원할 때 함께 시간을 보낼 수 있고, 아이들이 원하는 꿈을 경제적으로 아낌없이 지원해 줄 수 있는 엄마가 되고 싶었다. 이러한 꿈을 꾸게 되면서 먼저 그 길을 걷고 성공한 사람들을 찾기 시작했다.

꿈과 가까워지고 싶다면 비슷한 꿈을 꾸는 사람들이 있는 곳으로 가야 한다. 꿈을 꾸는 엄마, 꿈을 이룬 엄마, 워킹맘 투자자 등 자신이 원하는 모습을 이미 이룬 사람으로 멘토로 삼고 그들의 이야기를 자주 찾아보면 좋다. 멘토는 꼭 한 명일 필요는 없다. 꼭 한 가지 방법으로만 성공한 것이 아니니 다양한 사례를 보는 것이 좋다. 그들이 어떤 노력을 했는지 과정에 집중해서 살펴볼 필요가 있다.

꿈이라고 하면 막상 막연하고 무엇부터 시작해야 할지 모를 수 있다. 막연했던 것에서 조금씩 그림이 그려지길 바라며 꿈에 한 발짝 다가갈 로드맵 4단계를 소개하겠다.

로드맵 1. 꿈의 멘토 책으로 만나기

책은 저렴한 비용으로 많은 것을 얻을 수 있다. 언제 어디서나 꺼내 볼 수 있다. 내가 관심 있는 분야에서 이미 성공한 사람들의 이야기가 도움이 된다. 그들이 어떻게 꿈을 꾸게 되고 그것을 이루기 위해 어떤 과정을 겪었는지 책으로 경험해 보는 것이다. 책의 저자와 대화하는 느낌으로 질문을 해보고 나름대로 답도 해보면서 읽으면 더욱 기억에 남는다.

나는 주로 엄마들의 이야기가 담긴 책을 많이 읽었다. 공감이 잘되었기 때문이다. 자신과 맞는 분야의 책을 읽으며 꿈에 대한 마인드를 다지면 좋겠다.

로드맵 2. 꿈의 멘토 온라인으로 만나기

책을 쓴 저자의 블로그나 유튜브 채널이 있다면 찾아가서 보길 바란다. 책에서 이미 저자에 대해 어느 정도 알고 있으므로 블로그 글이나 영상을 보면 훨씬 와 닿을 수 있다. 꼭 책을 통해 알게 된 멘토가 아니더라도 SNS에서 멘토를 찾을 수도 있다.

나는 경제적으로 좀 더 나은 삶을 꿈꾸면서 그 수단으로 부동산을 택했다. 부동산 관련 유튜브와 성공한 엄마들의 유튜브 영상을 자주 본다. 엄마의 역할도 해내면서 자신들의 꿈을 찾고 이룬 사람들이다.

아기 띠로 아이를 재울 때 주로 유튜브 영상을 찾아서 봤다. 아이 재우는 시간이 유튜브를 보거나 오디오를 듣는 시간이 되었다. 10분, 15분일지라도 그 시간이 쌓여 1년이 지나면 달라진 나를 만날 수 있다. 적용해볼 만한 내용은 기록해서 내 것으로 소화하려는 노력이 필요하다.

로드맵 3. 꿈의 멘토 오프라인으로 만나기

책으로 보고 영상으로 보던 것에서 실제 강의로까지 이어지면 훨씬 빠르게 성장할 수 있다. 1:1 상담의 기회가 있다면 더 좋다. 내가 안다고 생각하는 것과 실제 멘토의 의견을 들어 피드백 받는 것은 확연히 다르다. 멘토와의 1:1 상담은 내가 그 사람의 시간을 사는 것이기 때문에 비용이 들 수도 있다. 강의도 비용이 든다. 이런 비용은 아끼지 말자. 나에게 몇 배로 돌아오게 하면 된다. 평소 존경하는 사람들의 SNS

채널을 꾸준히 들여다보며 강의나 상담의 기회를 놓치지 말자.

로드맵 4. 나만의 꿈 로드맵 만들기

책, 온라인, 오프라인으로 멘토를 만났다면 실제 나의 삶에 하나씩 적용해본다. 내 것으로 만들기 위한 과정을 잊지 말아야 한다. 목표를 적어두지 않으면 잊어버리기 쉬우므로 종이에 적어 매일 보고 있다. 나는 3p 바인더를 쓰는 것이 도움이 되었다. 구체적으로 3년 후, 5년 후, 10년 후 나만의 성공담을 만들어 보며 나름대로 로드맵을 그렸다.

적은 시간이라도 매일 모아 나를 만들려고 한다. 아이와 함께 꿈에 차근차근 다가가고 싶다. 오랫동안 멈춰있던 당신의 꿈에 다시 한 걸음씩 나아갈 수 있기를.

꿈꾸는 엄마를 위한 3단계 공부법

직장에 복직하고 첫째를 키우다 보니 크고 작은 꿈이 생겼다. 그 꿈에 가까워지기 위해 공부를 시작했다. 경제적인 꿈을 위한 공부, 직장에서 부족한 지식을 채우기 위한 공부, 나의 부족한 내면을 채우기 위한 공부였다. 학생 때처럼 정해진 공부가 아닌 내가 원해서 하는 것이기에 재미를 느꼈다. 그 바탕에는 가족과 돈 걱정 없이 행복하게 살고 싶다는 소망도 있었고, 아이들의 인생과 내 인생을 분리해 오직 나로 살고 싶은 소망도 있었다. 내가 스스로 택한 공부는 끊임없이 나를 성장시켜주고 때로는 따뜻한 위로를 주기에 놓고 싶지 않았다.

둘째를 낳고 생긴 육아휴직은 기회였다. 꿈을 위한 나만의 루틴을 만들어 보고 싶었다. 첫째를 유치원에 보내놓고 둘째가 낮잠 잘 때와 혼자서 잘 놀 때 틈틈이 강의도 듣고 독서도 할 수 있었다. 처음에는 몰입이 힘들었다. 집중해서 해볼까 하면 아이가 깼고 한번 흐트러진 집중력은 다시 돌아오기까지 시간이 걸렸다. 다시 집중하려고 하면 첫째의 하원 시간이 되었다. 시간이 많은 것 같으면서도 없는 것처럼 느껴졌다. 어떨 땐 '내가 오늘 한 게 뭐가 있지?' 하는 생각이 들기도 했다.

하고 싶은 것이 많았지만, 그것들을 다 할 수는 없었다. 좋은 습관을 길러보겠다고 처음부터 신문, 독서, 필사 등 다 해보려고 하니 어느 것 하나 제대로 되고 있지 않았다.

단순하게 반복하니 매일 계획한 일을 실행할 수 있었다. 짧은 시간 밀도 있게 쓸 수 있는 공부법을 공유해보고자 한다.

1단계, 생각 정리하기

엄마들은 할 일이 참 많은 것 같다. 목표한 꿈이 생겼다고 해서 육아를 소홀히 할 수는 없으니 말이다. 내가 원하는 꿈을 위해 강의도 듣고 책도 읽어야 했다. 아이에게도 짧은 시간이라도 해줘야 할 것이 있었다. 책을 읽어줘야 하고 유치원 숙제도 봐줘야 했다. 머릿속이 복잡했다. 그때 알게 된 것이 마인드맵이다. 해야 할 일과 하고 싶은 일등 복잡한 생각을 꺼내 적어보는 것이다.

둘째 아이의 1년이란 육아 휴직 기간에 정한 키워드는 다섯 가지였다. 육아, 건강, 재정, 자기계발, 이직으로 나누고 각 항목에서 또 해야 할 것과 하고 싶은 것을 쭉 적어봤다. 그리고 정말 할 수 있는 것만 남기고 나머지는 지웠다. 1년이 한눈에 보이니 머릿속이 한결 가벼웠다.

디지털 마인드맵을 통한 생각 정리 활용법은 인터넷에서도 정보를 다양하게 검색할 수 있다. 스마트폰으로도 활용할 수 있으니 생각 정리를 통해 계획을 정리해 보길 바란다.

2단계 꾸준한 습관 만들기

내가 정한 다섯 가지 키워드 중 자기 계발에 해당하는 독서 습관을 가장 우선순위에 두기로 했다. 일주일에 책 한 권을 목표로 매일 50페이지 이상 읽는 것을 습관으로 만들었다.

습관을 처음 들일 때는 월별로 순서를 정해 한 달에 딱 한 가지만 하는 것이 좋다. 습관이 어느 정도 정착되어 여기에 쏟는 에너지가 많이 들지 않을 때쯤 다른 습관을 추가하는 것이다. 오랫동안 지치지 않게 지속하려면 습관을 단순하게 해야 한다.

처음에는 둘째가 백일이 채 되지 않았을 때는 잠이 부족해 책을 5페이지 읽는 것도 힘들었다. 계획한 대로 꾸준히 하는 것이 힘들다면 아주 쉬운 것부터 성공해보자.

아침에 일어나 물 한 잔 마시기, 이부자리 정리하기, 비타민 챙겨 먹기, 창문 열어 환기하기 등이다. 나는 일어나자마자 이부자리를 정리하고 있다. 정돈된 침대를 보면 다음 동작이 이어지게 된다. 상쾌한 집이 주는 에너지를 받으면 시작부터 기분이 좋아짐을 느낀다. 누군가에게는 당연할 수도 있겠지만, 나에게는 도전이었고 큰 변화였다. 평소 잘 어지르고 제때 치우는 걸 못했기 때문이다. 운동선수들도 경기를 뛰기 전 자신만의 루틴을 행한다. 오른쪽 발목을 두 번 돌린다거나 헬

멧을 고쳐 쓰는 등 자신만의 루틴으로 자신감을 찾고 안정을 찾는다.

아주 쉬운 것부터 시작하여 매일 반복해보자. 내가 의식적으로 만든 루틴에 성공하는 기쁨 또한 느껴보자. 그 자신감으로 다음 단계도 성공할 수 있다. 작은 성공을 시작으로 어떤 일이든지 해낼 수 있다는 힘을 느껴보길 보내길 바란다.

3단계, 시간 관리하기

엄마에게 활용할 수 있는 시간을 정확하게 알고 있어야 한다. 시간은 결과를 얻기 위해 투입하는 가장 중요한 자산이다. 둘째를 낳기 전에는 주로 출근 전 두 시간 정도를 활용했다. 둘째가 태어난 후에는 새벽보다는 아이들을 일찍 재우고 저녁 9시쯤부터 나의 시간을 가진다. 물론 아이들이 깨버리는 변수가 생기기도 한다.

나에게 맞는 시간대를 찾기 위해 시간을 기록하고 피드백하고 있다. 하루에 나를 위한 시간으로 몇 시간 정도를 확보할 수 있는지, 그 시간대가 몇 시인지, 무엇을 할 것인지를 확인한다. 시간의 견적을 내보자.

엄마가 공부한다는 것은 쉬운 일이 아니다. 가족과 함께 시간을 써야 하기 때문이다. 나에게 가장 중요한 일 한 가지를 가장 먼저 해서 나를 잃지 않으려 한다. 나를 위해 공부하고 나에게 시간을 쏟을 때 어떤 위기가 와도 버텨낼 힘이 있다고 믿는다.

엄마를 최고로 만드는 꿈의 힘

소연이가 갓 백일이 지났을 때 일이다. 새벽에 두 번 세 번은 깨서 분유를 먹었다. 새벽 2시에 한 번, 5시에 한 번. 꾸벅꾸벅 졸면서 먹이고 아이와 함께 잠들었다. 잠든 지 얼마 안 된 것 같은데 지연이가 깨운다.

"엄마. 일어나! 아침이야. 그럼 색칠해줘."

시계를 보니 새벽 6시 27분이었다. 피곤한 몸을 일으켜 지연이에게 핀잔을 주며 색칠을 도와주고 다시 침대에 누웠다. 이번엔 소연이가 운다. '오늘도 잠은 글렀구나.' 하며 간신히 침대에서 빠져나와 아침을 맞이했다.

지연이를 유치원 버스에 태워 보낸 후 집으로 돌아와 소연이와 둘이서 시간을 보낸다. 소연이가 낮잠 자면 바인더에 오늘 할 일을 체크하고 강의 듣거나 책을 보는 등 틈새 시간에 계획한 일을 진행한다. 오후 5시면 소연이를 유모차에 태워 지연이를 데리러 간다. 밥 먹고 놀고 저녁 9시. 두 아이를 취침시킨다.

지연이와 소연이 둘 다 집에 있는 시간은 나의 언성이 높아지는 일이 많다. 지연이를 혼낸 날 곤히 잠든 아이 모습을 보면 미안한 마음이 든다. 전쟁 같은 육아에서 퇴근하고 나면 그때부터 나만의 시간이 시작된다. 밀린 강의를 듣거나 블로그에 글을 쓴다.

누군가 아이도 어린데 그렇게까지 해야 하느냐고 물을 수도 있겠다. 꿈이 있기 때문이다. 육아에 찌들어 나를 잃어버리고 싶지 않기 때문이다. 내가 원하는 삶을 살기 위해서다. 너무 피곤한 날은 낮잠도 자고 밤에 아이들이 잘 때 따라서 자기도 한다. 때로는 힘들기도 하지만 내가 확보한 시간에 계획했던 것들을 하나씩 해내는 일이 즐겁다.

책을 읽으면 블로그에 서평을 남긴다. 강의를 들으면 강의 후기를 적는다. 매일 하는 것들을 기록으로 남기며 알게 된 것이 있다. 내가 하는 것이 때로는 의미가 없어 보이고 당장 성과가 없어 보여도 쌓이고 쌓이면 연결될 수 있다는 것을.

처음부터 작가가 꿈이었던 것은 아니다. 엄마가 되고 내 시간이 절실하게 필요했고 아이들이 잠든 시간을 확보했다. 그 시간에 책 읽는 것이 나에겐 즐거움이었다. 책을 읽다 보니 자기 계발에 관심이 많아졌다. 좀 더 나은 나를 만들고 싶었다. 아이들에게 좋은 엄마, 좋은 아내, 행복한 가정을 만들며 그 안에서 나의 꿈도 찾고 싶었다.

온라인 자기 계발 프로그램에 등록하고 매주 강의를 들었다. 독서 모임, 부동산 강의, 자녀 경제교육 등. 그곳에서 만난 나와 가치관이 비숫한 사람들의 블로그의 글을 보며 꿈을 키웠다. 블로그에 내가 하는 것을 기록했다. 글을 쓰다 보니 내가 책을 읽고 느낀 점, 강의를 듣고 느낀 점은 다 육아와 연결되어 있었다. 아이를 키우며 보고 듣고 느낀 경험을 책으로 써보기로 했다. 그렇게 책 쓰는 것에도 도전하여 작가의 꿈을 이루게 되었다.

꿈이 꼭 거창하거나 직업적인 것과 연결되지 않아도 된다. 해보고 싶은 것, 배우고 싶은 것부터 시작해 보자. 가족과 캠핑 가는 것, 가족과 등산 명소에 다니는 것, 가족과 1년에 한 번 해외여행 가는 것 등 우리 가족의 문화를 만들고 싶은 것도 꿈이 될 수 있다.

꿈을 꿔야 도전할 수 있고 그 경험을 통해 또 다른 꿈이 연결될 수 있다. 내가 좋아하는 다양한 경험을 하며 나만의 콘텐츠를 찾는 연습을 하는 것이다. 그렇게 연결 짓고 찾은 것들이 나의 두 번째 세 번째 명함이 될 수 있다. 요즘은 N잡러의 시대이지 않은가? 또 다른 명함이 소득의 파이프라인이 될 수 있다. 육아하며 내 시간을 찾고 나만의 시스템을 만들어 가다 보면 꿈에 가까워질 수 있다.

엄마를 성장시키는 데 돈과 시간을 쓰면 좋겠다. 독서든 운동이든 꾸준히 하고 기록하다 보면 그것이 나를 지켜줄 든든한 자산이 된다. 꿈이 있는 사람은 더 나아갈 수 있다고 믿는다.

때로는 아이들을 보며 그 꿈을 더욱 단단히 해본다. 더 좋은 부모가 되고 싶은 마음, 아이들에게 경제적으로 더 서포트를 해주고 싶은 마음. 그것이 엄마가 가진 꿈의 힘이다.

꿈을 향한 아침 하루 10분의 기적

남편이 새벽 기상을 하기 시작했다. 새벽 5시 30분에 일어나 하천 주변을 뛰고 온다. 다이어트 중인 남편은 퇴근이 늦기 때문에 새벽 운동을 시작한 것이다. 남편이 활기가 생기고 아이들과도 잘 놀아주기에 물었다.

"오빠, 요즘 새벽에 운동하더니 많이 달라진 것 같아. 운동 갔다 오면 분리수거부터 하고 애들이랑도 잘 놀아주네. 예전 같으면 아직 잘 시간인데."

"자기도 많이 달라졌어. 예전보다 많이 긍정적으로 바뀌었어."

"내가 달라졌다고?"

"응. 전에는 표정도 안 좋고 나한테 짜증도 많이 냈는데, 요즘은 덜 그러는 것 같아."

육아와 살림을 나 혼자만 하는 것 같다는 생각에서 비롯한 부정적인 감정이 많았다. 부정적인 감정과 생각 때문에 아이에게도 남편에게도 자주 욱했다.

육아서를 읽다 보면 엄마의 감정 상태가 아이에게 얼마나 큰 영향을 미치는지 나온다. 지연이를 키우며 일할 때 감정 기복이 정말 심했다. 내가 어찌할 수 없는 상황에 부딪힐 때마다 크게 스트레스를 받았고, 우울한 감정이 한없이 바닥으로 내려앉기도 했다.

누군가에게 기댈 수도 없었다. 내가 해결해야 했고 나를 챙길 사람은 나라고 생각했다. 가장 변해야 할 것도 나라는 것을. 내가 어떤 생각을 하는지가 내 삶 전체를 지배할 수 있다는 것을 느꼈다.

감사일기를 쓰기 시작했다. 내 감정을 다스려 스트레스를 조절하고 편안해지고 싶었다. 내가 편안해야 상대도 편안하게 해줄 수 있으니 말이다.

부정적인 감정이 나를 지배하지 않게 하려 한다. 부정적으로 생각했던 것들에 대해 관점을 바꿔보고 있다. 바꿀 수 없는 타인을 바라보는 내 관점을 바꿔보려고 한다.

감사한 것을 매일 3개씩 적어보았다. 그중 첫 번째는 항상 남편이다. 남편에게 서운한 것이 많아 무표정으로 일관하는 나의 태도를 바꿔보고 싶었다. 사소한 것에 감사함을 놓치니 내가 서운한 것만 크게 느껴졌다.

처음에는 감사할 점을 찾으려고 한참 생각했다. 우리가 당연하다고 생각하는 모든 것이 당연한 것이 아닐지도 모른다. 일상에서 감사한 것을 찾았다.

남편이 퇴근 후 집으로 무사히 돌아오는 것, 우리 가족이 한 집에 함께 사는 것, 남편이 회사에 출근해 돈을 벌어오는 것, 우리 가족 건강한 것, 이 모든 것들이 감사한 일이었다.

첫째를 유치원에 보내놓고 둘째와 집에 있으면서 글을 쓰는 이 순간도 감사하다. 첫째 육아 휴직은 독박육아로 힘들었던 기억이 많은데 둘째 육아 휴직은 기회로 다가왔다. 지연이를 유치원에 보내놓고 소연이와 집에 있으면서 생기는 틈새 시간, 아이들 잘 때 생기는 시간을 합치면 나에게 주어진 시간이 많았다. 아이들 덕분에 나를 돌아보고 성장할 수 있는 시간을 갖게 된 것에 감사하다.

감사할 일들을 찾아 적다 보니 내가 가지지 못한 것보다 가진 것에 집중하며 내가 얼마나 행복한 사람인지 느낄 수 있었다. 내 곁에 있는 소중한 사람들, 내게 주어진 기회와 상황에 감사하며 작은 일에서 행복을 발견하고 있다. 때로는 수시로 부정적인 감정이 들기도 하지만 감사일기를 통해 감정과 태도를 다스리는 데 나아졌음을 느낀다.

매일 아침 하루 10분이면 된다. 어제 있었던 일 중 감사한 일을 떠올려 석으며 하루를 감사한 마음으로 시작할 수 있었다. 꿈을 위해 성장할 힘이 되어주었다. 매일 내가 하는 것들이 쌓이면 단단해진 나를 만날 수 있다.

Chapter 4
엄마의 부자 로드맵

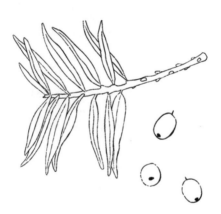

5년 동안 3번 이사

첫 번째 집 : 서울시 관악구 4층 빌라

첫 신혼집은 서울 관악구 소재의 빌라였다. 사회 초년생이었던 우리 부부는 모아놓은 종잣돈이 별로 없었다. 저축한 돈과 양가 도움을 받아 보증금 1억에 월세를 내는 반전세로 집을 구하게 되었다. 결혼 전에는 기숙사에서 살아서 집을 구한다는 것이 얼마나 어려운 일인지 실감하지 못했다.

직장이 강남에 있었는데 그 근처에는 살 수 없으니 지하철로 출퇴근이 가능한 곳으로 우리가 가진 돈에서 출발했다. 세 식구가 살기엔 비좁은 빌라이긴 해도 나에겐 더할 나위 없이 소중한 신혼집이었다.

곧 아이가 태어나자 점차 불편한 것들이 생기기 시작했다. 17평에 방이 두 개였다. 아이 용품이 늘자 점점 짐 둘 공간이 없어졌다. 방 하나는 안방으로 사용했고 나머지 다른 방은 창고가 되었다. 그 빌라에서 아이를 키우는 가정은 우리가 유일했다. 대학교와 가까웠던 곳이라 학생들과 젊은 직장인들이 대부분이었다. 유모차를 끌고 밖을 나가면 주변에 마땅히 산책할 곳이 없었다. 공원에 가려면 걸어서 30분은 가야 했고 놀이터도 없었기 때문에 다른 아파트 놀이터에서 아이를 놀아줬다.

대학로 빌라에서 아이를 키우다 보니 아파트에서 살고 싶어졌다. 단지 안에 어린이집이 있고 주변에 마트나 병원, 산책로가 잘 형성되어 있는 아파트에 사는 사람들이 부러웠다. 그때부터 내가 사는 곳 주변의 아파트 가격을 눈여겨보기 시작했다. 처음에는 가격을 보고 못 오를 나무라고 생각했다. 돈이 없으면 아파트에 살고 싶어도 살 수 없다는 생각이 들어 씁쓸했다.

두 번째 집 : 서울시 구로구 98세대 나 홀로 아파트

서울에 저렴한 나 홀로 아파트를 매수하게 되었다. 방 세 개에 화장실 두 개나 있었다. 오래 살 생각으로 수리도 했다. 17평에 살다가 36평으로 오니 집이 운동장처럼 넓게 보였다. 무엇보다 내 집이 주는 안정감이 좋았다. 벽에 못도 마음대로 박을 수 있고 2년마다 이사 다니지 않아도 되니 안심이었다. 하지만 그곳은 주변 상권이 약했다.

도로변에 아파트가 덩그러니 있었고 근처에 마트조차 없었다. 간단한 식자재는 편의점에서 샀고 주말에 남편과 20분 정도를 걸어 대형마트에 가야 장을 볼 수 있었다. 근처에 병원이 없어 버스를 타야 했다. 어린이집에 갈 때도 집 앞에 신호등이 없어 계단이 많은 육교를 올라야 했다. 신호등이 멀리 있기에 출근 시간이 촉박한 날은 유모차를 접어 어깨에 메고 아이 손을 잡고 뛰어 올라갔다. 그곳은 주로 연로하신 할머니 할아버지가 많이 살고 계셨다. 놀이터가 있었지만, 오랫동안 찾는 아이가 없는지 미끄럼틀에 거미줄이 잔뜩 걸려있었다. 언덕이 있는 아파트라 유모차를 끌기에도 위험했다. 내려갈 때는 유모차를 놓칠까 긴장하며 꽉 붙잡아야 했고 사각지대가 있어 혹시 차가 튀어나올까 봐 벽에 바짝 붙어서 갔다. 퇴근 후 아이를 어린이집에서 하원 시켜 유모차를 끌고 아파트 언덕을 올라갈 때면 한숨부터 나왔다.

첫 집을 마련하고 몸으로 직접 불편한 것들을 느끼고 나니 저렴한 아파트를 덜컥 매수한 것이 아쉬웠다. 내 집 마련에 관한 공부를 좀 더 했으면 같은 가격에 다른 선택했을 텐데 하는 아쉬움이 있었다.

그런데 신기하게도 주변에 상권이 좋지 않아 불편했던 나 홀로 아파트도 가격은 조금씩 오르고 있었다. 주변에 다른 아파트들도 1년, 2년 사이에 가격이 많이 올라가 있었고 그 편차는 세대수에 따라, 평형대에 따라, 입지에 따라 조금씩 달랐다. 실거주하기 좋은 아파트가 꾸준한 수요로 가격도 잘 상승한다는 것을 알게 됐다. 첫째가 초등학교 들어가기 전에 한 번 더 이사 가고 싶다는 생각이 점점 강해졌다.

세 번째 집 : 서울시 노원구 3,000세대 아파트

새로운 집으로 이사 가기 위해 공부를 시작했다. 아파트 단지가 큰 곳으로 가고 싶었다. 우리 아파트의 최근 시세를 알아보고 가용 자산을 파악했다. 매도 차익과 신규 담보 대출로 우리 부부가 갈 수 있는 지역을 비교평가 했다. 30평대에 살던 아파트에서 20평대로 평수를 줄이고 구축을 본다면 가능할 것 같았다.

관악구와 노원구를 비교하다가 노원구에 세대수가 많은 30년 된 아파트로 이사 가게 되었다. 오래된 아파트이긴 해도 주변에 이용할 편의시설이 잘 갖추어져 있어 만족스러웠다. 도보 5분 거리에 지하철역이 있고, 공원과 미술관, 과학관, 소아청소년과, 대형병원 등이 있었다. 단지마다 어린이집과 놀이터가 있고 아이들이 많이 살고 있었다. 이사 오기 전에는 아이가 아프면 병원에 가기 위해 버스를 타야 했고, 놀이터에 갈 땐 다른 아파트에 가야 했다. 이제 걸어서 5분이면 다 갈 수 있다.

처음부터 갖춰진 아파트에 살았다면 내가 부동산에 관심 두고 공부할 기회가 생겼을까? 빌라부터 시작해 세대수 적은 나 홀로 아파트, 대단지 아파트로 이사 가면서 느꼈다. 결핍은 나를 성장시킬 수 있다는 것을. 내 집 마련의 필요성을 알고부터는 우리 부부가 가진 돈에서 가능한 범위의 아파트를 찾았다. 불편함을 느낄 때마다 절박함을 느꼈고 공부를 통해 더 나은 곳으로 이사 갈 수 있었다.

처음부터 원하는 지역에 만족하는 집을 얻을 수는 없겠지만 한 걸음씩 앞으로 나아가다 보니 내 집의 자산도 조금씩 올랐다.

2년마다 빌라에서 재계약을 했거나 다른 빌라로 이사 갔다면 자산도 늘지 않았을 테고 부동산에 여전히 관심이 없었을 것이다. 세 번의 이사를 하면서 쌓인 경험이 부동산을 바라보는 나의 관점과 자산을 바꿔주었다. 처음에는 대출과 세금이 두렵기도 했지만, 그것보다는 현실에 안주하는 것을 더 경계하고 싶었다.

지금 이사 온 곳이 누군가에게는 그저 그런 동네일 수도 있고 병원 마트 가까운 것이 대수롭지 않을 수도 있다. 이사 전, 주변 입지가 좋지 않아 아이 키우며 불편함을 경험한 나에게는 지금 집에 감사와 만족이 크다.

5년 동안 3번 이사 다니며 느낀 것은, 집은 단순히 가족이 함께 살 수 있는 보금자리를 넘어 자본주의에서 우리 가족을 지켜줄 자산이기도 하다는 것이다. 요즘 부동산 시장이 내 집 한 채 갖는 것도 갈아타기도 쉽지 않지만 그렇다고 손 놓고 있을 필요는 없다. 낭상 십을 사지 않아도, 당장 이사 가지 않아도 언제나 준비는 되어있어야 한다. 그래야 기회가 왔을 때 내 집 마련이나 갈아타기도 할 수 있으니 말이다.

재테크의 첫걸음 종잣돈 만들기

종잣돈을 만들려면 우선 목표가 있어야 한다. 내가 왜 종잣돈을 만들고 싶은지 간절한 이유가 있어야 포기하지 않고 돈을 모을 수 있기 때문이다. 종잣돈을 만들기 위한 나의 목표는 2년마다 이사 다니지 않아도 되는 안정적인 내 집 마련이었고, 그 이후에는 더 나은 환경으로 이사 가는 것이었다. 우리 부부는 월급 외에 다른 소득은 없었다. 지출을 최대한 줄여 저축할 수 있는 금액을 최대로 확보해야 했다. 부부가 경제적인 목표를 함께 공유하고 통장을 합치면서 가계부를 쓰기 시작했다.

1. 고정지출 파악

고정지출이란 말 그대로 매달 정기적으로 나가는 금액이다. 각종 공과금, 보험료, 경조사비, 부부의 각자 용돈도 포함된다. 저축할 수 있는 최대 금액을 확보하기 위해서 먼저 줄일 수 있는 지출을 확인했다.

가장 큰 지출은 아파트를 마련하면서 생긴 대출이었다. 주택 담보 대출과 신용대출로 매월 상환금액이 꽤 나갔다. 남편 지인의 추천으로 대환 대출이 있다는 것을 알게 됐다. 중도상환 수수료를 내고 금리가 더 저렴한 대출로 갈아탔다. 앞으로 내야 할 대출 이자를 생각하면 훨씬 이득이었다.

또 이용하고 있던 아이의 북클럽 서비스를 해지했다. 아이가 책을 좋아해 3년째 만족하며 이용 중이었다. 경제적인 목표를 세우고 나니 종잣돈 모으는 것이 더 먼저라는 생각이 들어 과감하게 서비스를 해지했다. 나머지 신용대출도 목돈이 생길 때마다 조금씩 더 갚았더니 원금을 최대한 줄일 수 있었다. 첫 집을 마련하고 생긴 고정지출을 기존보다 50% 이상까지 줄일 수 있었다.

2. 변동지출 파악

고정지출을 제외한 나머지 지출이 생활비, 즉 변동지출이다. 한 달 생활비 평균 금액을 파악했다. 평균 생활비에서 10% 정도 줄여 생활비 한도를 정했다. 최대한 한도 내에서 쓰려고 노력했다. 저축할 수 있는 최대 금액을 모으기 위해서였다. 가계부를 쓸 때 생활비 항목을 나누어 지출을 파악했다.

변동지출 중 가장 많이 나가는 항목은 식비였다. 냉장고를 정리하지 않으니 음식 재료가 있는지 모르고 또 사는 경우도 많았다. 편리함을 위해 계획 없이 외식하기도 하고 드라마나 영화를 보다가 맛있는 음식이 나오면 야식을 배달시켜 먹기도 했다. 그다음으로 많이 나가는 항목은 육아 비용이었다. 주말에 아이와 함께 외출하면 키즈카페에 가거나 아이가 사달라는 장난감을 사주게 되었다. 이러한 충동 소비를 줄이기 위해 냉장고를 정리했고 외출을 줄였다. 항목별로 예산을 정해 매일 가계부를 쓰며 충동적인 소비는 자제하려고 했다. 계획대로 잘 안될 때도 있었지만, 꾸준히 쓰며 피드백했다.

가계부를 기록으로 끝내지 말아야 한다. 가계부에도 목적이 있다. 우리 부부는 종잣돈을 모으기 위한 일정한 생활비 유지였기 때문에 피드백하고 예산을 넘지 않으려 노력했다.

3. 선 저축 후 지출

종잣돈을 모아야 하는 이유를 생각하며 1년 단위로 목표 금액을 설정했다. '선 저축'을 하기 위해서다. 그전에 가계부를 쓰며 돈 모으기에 실패했던 원인이 쓰고 남은 금액을 저축했기 때문이다. 매달 저축금액이 달랐고, 저축하지 못한 적도 많았다. 돈이 왜 새는지 잘 파악되지 않았다.

수입과 고정지출, 변동지출을 파악해 통장을 3개로 쪼갰다. 종잣돈

통장, 고정지출 통장, 생활비 통장이다.

나 홀로 아파트에 살 때 1년에 2천만 원의 종잣돈을 모으는 것을 목표로 매월 167만 원을 저축했다. 모바일로 개설한 적금통장에 2018년 9월 기준으로 '19.9.25 2천만 원'이라는 꼬리표를 붙였다. 월급 다음날 167만 원을 자동이체 시켰다. 고정지출 통장과 생활비 통장에 각각 해당 금액을 입금해 두고 사용했다.

신용카드는 절대 사용하지 않았다. 신용카드도 잘 이용하면 이점들이 많겠지만, 나는 소비를 통제하는 데에 어려움이 있어 체크카드와 현금을 이용했다. 예상치 못한 지출이 생길 수 있기에 비상금 통장도 만들었다. 추가 수입이 생기거나 생활비가 남으면 비상금 통장에 채워 넣어 예상치 못한 지출에 대비한다.

여러 번의 시행착오를 겪으며 나에게 맞는 방법을 찾았고 그 방법으로 목표한 종잣돈 모으는 것에 성공했다. 이 성공이 다음 단계도 잘해낼 수 있다는 자신감을 안겨주었다. 처음에 용돈 줄이는 것에 남편은 반감을 샀지만, 함께 경제적인 목표를 공유하고 대화하며 의견을 맞추었다.

절약하는 과정에서 사람들 만나는 것노 줄이고 먹고 싶은 것, 사고 싶은 옷도 참으니 힘들기도 했다. 하지만 그렇게 모은 돈으로 우리 가족을 안정적으로 지켜줄 더 큰 자산을 살 것이라는 목표가 있었기 때문에 할 수 있었다. 내가 왜 돈을 모으려고 하는지 명확한 이유와 목표 설정이 중요한 이유다. 그저 허리띠를 졸라매 돈을 모으는 것이 아니다. 지출을 어디에 하느냐가 중요한 것이다. 옷이나 소모품 등 소비자산에 돈을 쓰는 대신 부동산이나 다른 생산자산에 쓰기 위해 절약하는 것이다. 그렇기에 목표가 중요하고 절약하는 과정이 가치 있다고 생각했다. 고생한 만큼 목표에 가까워지면 만족감 또한 컸다.

　돈을 모아야 하는 나만의 절박한 이유가 있어야 흔들리지 않을 수 있다. 목표를 갖고 소비를 통제함으로써 주도적으로 돈을 다뤄야 한다. 재테크의 첫걸음은 종잣돈을 만드는 것부터 시작이다. 목적이 내 집 마련일 수도 있고 주식이나 부동산 투자일 수도 있다. 월급 외에 다른 소득이 없다면 절약하며 돈을 모으는 방법밖에 없다. 빠르게 종잣돈을 모으기 위해서 목표를 설정하고 돈에 이름을 붙이는 것. 나는 이 방법으로 목표한 돈을 모으는 것에 성공할 수 있었다.

내 집 마련을 위한 로드맵

'무슨 돈이 있어서 서울 아파트를 살아. 빌라 전세나 월세로도 예쁘고 좋은 집에 살 수 있어.'

'무리해서 집 샀다가 생활이 팍팍해질 거야.'

'대출 많이 받는 것도 무섭고 그냥 편하게 형편껏 살래.'

과거에 전혀 부동산에 관심이 없었던 내가 내뱉은 말이다. 내 집 마련에 관한 책을 읽은 뒤로는 생각의 관점이 바뀌었다. 10년, 20년 후 자산가치가 상승할 내 집을 가진 사람과 가지지 못한 사람의 차이를 깨닫고 나서는 내 집을 꼭 마련해야겠다고 생각했다. 세 번의 이사를 통해 경험한 내 집 마련을 위한 로드맵을 세 가지로 소개하고자 한다.

1. 독서와 강의로 공부하기

저비용으로 최대의 효과를 누릴 수 있는 것이 바로 책이다. 내 집 마련에 도움이 되는 책이 많이 있다. 책을 통해 마인드를 다진 후 실전 내 집 마련을 위한 강의를 듣는 것도 좋다. 책에서 와닿지 못한 것들이 강의를 들으면 이해가 잘되고 생생한 노하우를 얻을 수 있다. 아는 만큼 보인다고 내가 공부한 만큼 좋은 집을 살 수 있다.

비슷한 가격이라도 안목이 있다면 몇 년 뒤 더 오를 아파트를 선택할 수 있다. 한 번의 선택으로 몇 년 뒤 어마한 가격 차이가 날 수 있으므로 종잣돈을 모으며 계속 공부해야 하는 이유다. 그래야 절대 손해 보지 않는 실거주 한 채를 마련할 수 있다. 공부를 통해 생각할 모든 가능성을 열어야 한다. 큰 금액이 들어가는 만큼 충분한 공부를 통해 내 집을 마련할 것을 권한다.

2. 자금계획 세우기

살아가면서 가장 큰 비용이 드는 것이 주거에 대한 비용일 것이다. 내 집 마련을 위해서는 자산 파악과 내 상황에 맞는 대출 가능 범위를 정확히 알고 있어야 한다. 누구나 입지가 좋은 곳에 살고 싶지만 비싸서 그곳에 살기는 쉽지 않다. 대출 레버리지를 잘 활용하면 나의 자금력이 충분하지 않아도 아파트를 사는 것이 가능하다.

우리 부부는 사회 초년생이다 보니 근로소득이 많지 않았다. 모아놓은 돈도 별로 없었기 때문에 보는 눈을 낮춰 아파트를 봤다. 처음 마련한 아파트는 4억 원 미만 기준으로 봤다. 직장과의 거리, 아파트의 연식, 세대수 등은 크게 신경 쓰지 않았다. 가용 자산에서 아파트 리스트를 정해놓고 대출은 어느 정도가 가능한지, 종잣돈은 얼만큼이 필요한지, 언제쯤 이사가 가능한지 등 계획을 짜는 것이다.

신혼부부는 디딤돌 대출과 보금자리론 대출이 가능하다. 한도는 KB 시세, 매매가 중 낮은 가격 기준 6억 이하일 경우 LTV(주택담보인정비율) 기준으로 최고 70%까지 대출이 나온다. 재정 상황에 맞는 아파트 금액대를 설정해 보고 목표예산을 짜는 것이다. 자세한 사항은 한국주택금융공사 사이트에 들어가면 확인해 볼 수 있다. 부동산 관련 정책이 자주 바뀌니 최근 사항을 꼭 체크해야 한다.

3. 내게 딱 맞는 아파트 찾기 (손품 팔기)

주택을 구매할 때 인프라가 우수한 곳에 살고 싶을 것이다. 예를 들어 교통 호재가 있는 지역, 초품아, 학군, 백화점, 마트, 병원, 일자리가 많은 지역 등이 비싸고 잘 떨어지지 않는다. 그곳을 원하는 사람들이 많기 때문이다. 주택을 구매할 때 참고하면 좋은 요소다.

내 집 마련에 관한 공부가 어느 정도 되고 자금계획도 세워졌다면 손품으로 내게 딱 맞는 아파트를 찾는 방법이 있다. 부동산 사이트를 활용하는 것이다. 세대수, 공급, 수요, 학군, 아파트별 가격 비교, 최근 실거래가, 주변 편의시설 등 데이터를 통해 자세한 정보를 얻을 수 있다. 실제 입주민의 후기도 참고하면 좋은 요소다.

아기가 있어 외출이 쉽지 않기 때문에 집에서 사이트를 비교하며 정보를 찾았다. 스마트폰 앱으로도 확인할 수 있어 현장 방문 전 사전조사 하기 좋았다. 사전조사를 했다면 현장 방문을 한다. 직접 발로 걸어보며 현장에서 한 번 더 확인하는 것이다. 주변 아파트와 비교도 해보고 같은 아파트 안에서도 단지별로 비교하며 꼼꼼하게 분석하는 것이 좋다.

입지 좋은 곳에 좋은 집을 갖고 싶지만 한 번에 사기가 힘들 수 있다. 그렇다고 내 집 마련을 포기하거나 열심히 돈만 모으는 것은 좋지 않다. 내가 돈 모으는 속도보다 주택가격이 오르는 속도가 훨씬 더 빠르기 때문이다.

내 집 마련도 다양한 방법이 있다. 현재 자금력으로 매수할 수 있는 괜찮은 아파트가 있다면 일단 매수하고, 내가 목표했던 지역으로 갈아타는 것도 좋은 방법이다. 당장 할 수 있는 것에 집중하고 조금씩 단계를 밟는 것이다.

나는 출퇴근이 조금 멀더라도 종잣돈을 차근차근 모아 상위지역으로 갈아타는 목표로 조금씩 자산을 키워나가고 있다. 내 집 마련하면서 경제 공부를 하게 되고 레버리지, 인플레이션, 금리 등에 관심 두게되었다. 그동안 경제에 무지했던 나에게 도움이 많이 되었다. 내 집 마련을 위한 과정은 내 자산을 지키고 내 가족의 행복을 지키는 일이 될수 있다.

20대, 서울에 아파트 마련한 비법 3가지

돈이 없는 사회 초년생 부부인 우리가 서울에 아파트를 마련할 수 있었던 것은 눈을 낮추고 과감하게 실행한 것이었다. 처음부터 내가 원하는 동네에 직장도 가깝고 주변 입지도 좋은 아파트에 들어가서 살 수는 없다. 조금 불편함을 감수하고 선택을 하는 것이다. 우리 부부는 직장과의 거리가 멀고 구축에 주변 상권이 별로이긴 해도 서울에 내 집 마련을 선택했다. 우리가 매수할 수 있는 집을 매수한 것이다.

"오빠, 우리 그냥 저번에 아버님께서 경매로 추천해 주신 아파트 사는 게 어때? 서울에서 3억 대면 저렴한 거잖아."

"글쎄. 무주택 기간을 늘려서 청약으로 새 아파트를 사는 것이 낫지 않아? 일단 전세로 살면서 좀 더 상황을 지켜보자."

"서울 아파트 오르는 속도가 빠르잖아. 우리는 가점도 낮고 새 아파트 분양받으려면 현금도 있어야 하는데, 우리 월급으로는 그 돈 못 모아. 그냥 지금 살 수 있는 저렴한 아파트를 사자. 고민하다가 기회 놓칠 수도 있어."

고민하던 남편도 며칠 뒤 수긍했다. 2년마다 전셋값을 올려주며 이사 다닐 일도 없고, 서울의 아파트는 적어도 떨어지진 않을 것으로 생각했다. 빌라 전세 만기 때 아버님께서 추천해 주신 아파트가 자꾸 생각났다.

그때 경매로 낙찰받지 못한 아파트를 일반매매로 매수하게 되었고 기대 이상으로 우리 아파트의 가격은 꾸준히 올랐다. 그 아파트가 구로구에 있는 나 홀로 아파트다. 꼭 서울이 아니더라도 입지가 좋은 곳에 내 집을 마련하면 시간이 흐른 뒤 자산상승에도 도움이 되기 때문에 내 집 마련에 관심을 두고 방법을 찾아보면 좋다. 서울에 내 집 마련할 수 있었던 과정을 3가지로 요약해 보겠다.

1. 재테크 책 읽고 마인드 변화

아이가 태어나기 전까지 재테크에는 전혀 관심도 없었고 그저 월급이 들어오면 생각 없이 돈을 쓰고 계획도 없었다. 아이가 태어나자 아이에게 필요한 물품이 많았다. 사용 기간도 짧은데 매번 새것을 사줄 수는 없었다. 중고사이트를 알고 난 후에는 최대한 중고로 구매하고 다시 되팔며 돈을 아꼈다. 그러던 도중 아이가 좀 더 커서 정말 필요한 것, 갖고 싶은 것을 내가 사줄 수 있을까? 하는 생각이 들었다. 좋은 환경에서 키우고 싶은 생각이 들면서 '어떻게 하면 돈을 많이 벌 수 있을까? 수입이 적은데 돈을 어떻게 모으지?'라는 생각을 자주 했다.

그때부터 재테크 관련 책을 읽기 시작했다. 나의 최대 관심사는 내 집 마련이었기 때문에 책이 재미있게 술술 읽혔다. 고정지출과 변동지출을 최소화하는 방법, 가계부 쓰는 방법 등 도움이 많이 되었다. 대출은 위험한 것으로 생각했던 나의 고정관념도 바꿔주었다. 또 자본주의에서 어떻게 살아가야 하는지, 인생 전체를 놓고 보았을 때 내가 어떤 방향으로 나아가야 할지 책을 읽고 도움을 많이 받았다.

2. 경매로 내 집 마련하는 방법

빌라 전세를 알아보던 중 아버님께 전화가 왔다. 경매 쪽을 잘 아는 친구가 있는데 서울 외곽지역에 저렴한 아파트가 경매에 나왔으니 관심 있으면 보라고 추천해 주셨다. 남편이 경매로 아파트를 매수하려고 준비했다. 2018년도 기준 최근 실거래가는 3억이었고, 경매로 2.7억을 써서 내려고 했는데 갑자기 집주인이 취소하여 유찰되었다. 몇 달 전만 해도 그 아파트는 3억도 안 되는 가격이었다. 한두 달 사이에 몇천만 원이 오르는 것을 보면서 일반매매로 매수하기로 했다. 그렇게 경매로 아파트를 살 뻔한 경험은 이루어지지 않았지만 실제로 경매로 실거주 아파트를 시세보다 꽤 저렴하게 매수를 하는 사람들이 많다는 것을 알게 되었다. 돈이 없을 때 내 집 마련하는 방법으로 경매도 있고 전세를 끼고 사는 방법도 있다. 아는 것이 많아지면 돈이 부족해도 내 집을 마련하는 방법은 다양하다.

3. 일자리 국가 산업 단지 근처 공략

국가 산업 단지는 주로 디지털단지로 일자리 수요가 많은 곳이라 대단지 아파트보다는 주로 빌라가 많이 있는 지역이다. 구로구의 나홀로 아파트는 디지털단지 근처에 있었다. 그래서 다른 지역보다는 저렴했으며 우리 부부가 매수하기에 제격이었다.

일자리가 많은 곳은 전세와 월세 수요도 많으며 가격이 잘 내려가지 않는다는 특징이 있다. 꼭 서울이 아니더라도 지방에 저렴하면서도 가격이 잘 내려가지 않는 곳을 선정하고 싶다면 국가산업단지 근처를 알아보는 것도 좋은 방법이다.

'벼락 거지'라는 말이 있다. 인플레이션으로 화폐 가치가 떨어지면서 현금을 계속 보유하고 있는 사람들이 갑자기 벼락 거지가 되는 상황을 말한다. 자본주의를 이해하고 돈을 계속 적금으로만 불리는 것보다는 레버리지를 적극 활용하여 좋은 자산을 사는 것이 낫다고 생각한다. 돈을 쓰는 대상을 감가상각이 일어나는 소모품이 아닌 시간이 지날수록 자산가치가 올라갈 수 있는 대상에 쓰는 것이 좋은 방법이다.

* 자금이 부족하면 세대수 적은 아파트를 공략하라!

세대수가 많은 아파트는 주변에 상권도 잘 되어있고 학군, 교통 등 편의시설이 잘 갖추어져 있다. 하지만 가격이 비싸므로 자금이 부족하다면 내 집 마련 포기보다는 틈새시장으로 500세대 미만이어도 입지가 좋은 아파트를 공략하는 것도 성공적인 투자 방법이다.

* 돈이 없을수록 내 집 마련에 집중하라!

신혼부부나 1인 가구 등은 직장과 가깝고 비교적 접근이 쉬운 빌라를 알아보기 쉽다. 하지만 그럴수록 편하고 가까운 빌라보다는 좀 멀고 구축에 평수가 작더라도 아파트 매수를 목표로 삼고 저축하며 내 집 마련의 기회를 잡는 것이 중요하다. 서울의 아파트는 꾸준히 우상향하고 있으며 빨리 마련할수록 다음 단계 진입이 좀 더 편해진다.

2년 만에 시세차익 1억 6천만 원

2018년 3월. 우리 부부가 처음으로 서울에 아파트를 마련했다. 그때 주택담보 대출이 70%까지 나왔고 3억 대의 아파트를 매수하는데 2억 이상의 대출을 받을 수 있었다.

처음에는 돈을 거의 모으지 못하고 대출금 갚는 데에 다 나갔다. 하지만 조급하거나 두렵지는 않았다. 좋은 자산을 샀기 때문이다. 아파트 대출금 갚는 것을 저축과 투자라고 생각했다. 대출금이 꽤 나가는 상황이었기 때문에 생활이 빠듯하기도 했지만, 그 덕에 소비를 줄이고 다음 전략을 세울 수 있었다. 앞으로 우리가 산 자산은 더 큰 수익을 안겨 줄 것이라는 확신이 있었기 때문에 더욱 부동산에 관심이 갔다.

인센티브나 추가 수입이 생기면 무조건 신용대출부터 갚았다. 신용

대출은 갚을수록 금리도 낮아지고 원금도 낮아지면서 갚는 재미가 꽤 쏠쏠했다. 좋은 자산을 샀을 때 대출은 좋은 빚, 즉 투자금이고 시간이 지나고 그 이상으로 회수할 수 있다.

구로구에 매수했던 나 홀로 아파트는 1998년도에 지어진 아파트였다. 20년이 넘은 데다가 전에 살고 계시던 분이 수리를 한 번도 하신 적이 없었다. 아파트를 보기 전에는 주로 신축 빌라를 자주 봤었다. 최신형 건물에 깔끔한 내부를 보다가 수리되지 않은 아파트를 보니 많이 놀랐다. 처음엔 별로 살고 싶지 않다는 생각이 들었다가 다시 마음을 고쳐먹었다. 전부 수리하기로 했다. 수리된 다른 집보다 저렴하게 샀으니 내 마음에 들게 리모델링을 다시 하면 된다고 생각했다. 전에 살고 계시던 집 주인분께 양해를 구하여 내부 사진을 모두 촬영하였고 네이버 부동산에 나온 도면을 프린트하여 직접 실측했다. 3주의 작업 기간을 거쳐 수리를 마무리하고 깔끔한 집에 살 수 있었다.

예쁘게 수리된 집은 매도할 때도 유리하다. 시세 대비 집값을 높여 집을 내놔도 매수자의 마음을 비교적 쉽게 사로잡을 수 있다. 매도할 때 집의 가치는 더 올라가 있으니 일거양득이다. 실제 3천만 원을 들여 수리했고 매도할 때는 시세 대비 5천만 원 이상 올려서 거래할 수 있었다. 자산의 가치를 높여준 것이다.

나 홀로 아파트이긴 해도 2년 동안 가치가 상승해 있었다. 월급으로는 절대 모을 수 없을 만큼 올라가 있었다. 그렇게 3억 초반대에 매수했던 아파트는 비과세 기준인 2년이 지나 5억 정도에 매도했다. 우리 부부가 월급으로 2년 동안 1억 6천이라는 돈을 모을 수는 없었을 것이다. 돈이 많지 않아도 저렴한 구축 아파트나 소형 아파트를 매수하는 방법도 있다는 것을 말하고 싶다.

　구로구에 마련한 첫 아파트를 팔고 2020년, 부부 공동명의로 노원구에 6억 원대의 아파트로 이사 올 수 있었다. 공동명의로 진행하니 대출에 조금 더 유리했다. 나 홀로 아파트에 살았을 때보다 입지가 좋으니 거래량도 많고 시세도 빠르게 올랐다.

　계속되는 규제로 아파트를 사거나 이사 가는 것도 쉬운 일이 아니다. 하지만 언제나 준비되어야 한다. 몇 년 뒤 한 번 더 상급지로 갈아타는 것을 목표로 부동산 공부를 계속하고 있다.

　세 번의 이사를 통해 우리 부부의 자산이 생각보다 빠르게 불어나서 감사하게 생각한다. 시작은 작고 초라했지만 조금씩 나아지고 있음에 감사하다. 집은 가족을 안전하게 지켜줄 수 있는 자산이 되어줄 수 있다.

　내 집 마련의 필요성과 돈이 없어도 공부를 해야 한다는 것, 전략적으로 계획을 세워야 한다는 것을 강조하고 싶다.

　주식도 자신의 돈이 들어가면서부터 경제기사나 뉴스에 관심 두는 것처럼 나도 내 집 마련 후 더욱 부동산에 관심을 두게 되었다. 자신에게 유리한 방법을 알고 전략적으로 다가가야 한다.

실전 내 집 마련 노하우

1. 아파트 임장하기 (발품 팔기)

내가 살고 싶은 아파트를 정했다면 본격적으로 부동산에 방문에서 집을 자주 보는 것이 좋다. 역에서 아파트까지의 거리, 근처 편의시설과의 거리를 직접 걸어보며 꼼꼼하게 체크한다.

2020년 내가 이사 온 노원구 아파트는 3천 세대가 거주한다. 25개 동으로 이루어져 있어 동마다 역과의 거리가 달랐다. 백화점과 가까운 동, 공원과 가까운 동, 초등학교와 가까운 동이 있다. 매일 출퇴근을 해야 하니 지하철역과 가까운 동 위주로 둘러보았다. 평일 낮에는 내가 아파트를 주변을 둘러보았고, 남편은 퇴근 후 저녁 시간에 아파트를 살폈다. 낮과 밤의 분위기가 다른 곳도 있으니 같이 확인해 보는 것이 좋다.

매물을 자꾸 보다 보면 동과 층수에 따라, 수리 여부에 따라, 남서향에 따라, 평형대에 따라 가격이 조금씩 다르다. 충분히 집을 보고 비교하여 비슷한 가격 안에서도 유리한 선택을 할 수 있어야 한다. 될 수 있으면 지하철역이나 공원 전망이 있는 동, 중간 이상 층으로 선택하는 것이 좋다. 즉 로열 동과 로열층이다. 로열 동과 로열층은 팔 때도 유리하다.

나는 둘째 임신 중에 이사 갈 아파트의 매물을 보러 다녔다. 집의 구조와 편의시설과의 거리를 직접 확인하며 꼼꼼히 보고 싶었지만 오래 걸을 수가 없었다. 구로구 아파트가 일찍 매도가 되면서 이사 날짜도 촉박했다. 이사까지 한 달밖에 남지 않은 상황이라 날짜가 맞는 집으로 구해야 했다. 선택할 수 있는 집이 몇 개 없었다. 겨우 날짜가 맞는 곳을 계약하고 나니 시세보다 5천만 원이나 더 저렴한 급매가 나왔었다. 급매를 잡지 못해 아쉬운 마음이 컸다.

이사 가거나 내 집 마련한다면 적어도 3개월 이상 여유를 가지고 보면 좋다. 부동산에 급매가 있으면 꼭 연락을 달라고 미리 당부해 두고 꾸준히 집을 봐야 한다. 그래야 다른 집과 비교했을 때 가격이 싼지 안 싼지 쉽게 판단할 수 있기 때문이다. 급매로 저렴하게 사서 수리까지 하고 들어간다면 집의 가치를 높일 수 있으니 훨씬 더 좋다.

또 알아두면 좋은 것은 기존 아파트를 매도하고 갈아타는 경우 공동중개가 가능한지 물어봐도 좋다. 구로구 아파트 매물을 내놓은 부동산에서 이사 갈 아파트도 같이 하면 수수료를 저렴하게 해준다고 하셨다. 공동중개를 제안한 것이다. 그렇게 하여 매수할 아파트의 중개수

수료를 50%까지 아낄 수 있었다.

2. 계약서 작성

매매 계약서

마음에 드는 집을 결정했다면 매매 계약서를 작성해야 한다. 보통은 매매금액의 10%를 계약금으로 입금한다. 계약 내용은 총매매금액, 계약금, 중도금, 잔금의 날짜와 금액을 구분하여 작성한다. 날짜와 금액을 꼼꼼하게 확인하고 입금 시 등기사항 증명서에 기재된 소유자의 명의가 맞는지 꼭 확인한다. 특약 사항은 계약하면서 생길 수 있는 변수에 대해 미리 협의할 것이 있다면 기재하고 확인한다.

부동산 관계자분과 좋은 관계를 유지하면 좋다. 내가 매수할 때 아파트 가격이 불과 한 달 사이에 몇천만 원 많게는 억 이상 오르고 있었다. 실제 매물로 나오고 있는 물건의 가격과 KB 부동산시세와 차이가 크게 났다. 대출받을 때는 KB시세 중위 평균가로 금액을 산정한다. 최근 실거래가 기준으로 KB시세가 반영되기 때문에 부동산에서 바로바로 처리를 해주면 유리하다. 그래야 대출을 조금이라도 더 받을 수 있기 때문이다.

또 부동산에 대출상담사의 번호를 받아두는 것이 좋다. 부동산을 통해 대출상담사를 소개받으면 조금 더 친절하게 해주는 경향이 있다. 무엇보다 그 아파트에 대해서 잘 알고 계신다. 중도금과 잔금까지 무사히 잘 치를 수 있도록 자금계획을 꼼꼼하게 확인해야 한다.

주택 자금조달계획서

주택을 구매하기 위해 자금을 어떻게 조달해왔는지 출처를 밝히는 서류다. 쉽게 말해 집을 사는데 들어간 자기 자금과 대출금 등을 적는 것이다. 자기 자금으로는 부동산 매도금액, 주식 처분한 금액, 금융기관 예금액 등이 있을 수 있다. 만약 부모님에게 돈을 빌린다면 반드시 차용증을 작성하고 매월 법정 이자를 지급한 내용이 남아있어야 한다. 부모님께서 증여를 해주셨다면 증여세를 신고하여야 한다. 대출금으로는 주택 자금 대출, 신용대출 등 자신이 대출받은 금액을 적으면 된다.

매매 계약서 작성 후 30일 이내 주택 자금조달계획서를 작성해야 한다. 비규제지역에서는 거래금액이 6억 원 이상일 때 작성한다. 투기과열지구는 금액과 상관없이 무조건 제출해야 하며 추가로 증빙자료까지 제출한다. 불법 증여와 편법대출을 확인하기 위함이므로 꼼꼼하게 작성해야 한다.

3. 잔금 치르기

중도금을 치르고 잔금 날이 되면 매도인과 매수인, 중개인, 법무사가 모여 잔금을 치른다. 잔금 이외에 각종 부대비용도 발생한다. 법무사 수임료 및 등기 비용, 선수관리비, 장기수선충당금, 부동산 수수료 등이 있다. 자금에 차질이 없도록 부동산 계산기를 통해 미리 계산해

두자.

구로구에 나 홀로 아파트를 마련했을 때는 남편이 부동산 업무를 다 봤다. 아파트로 이사 가자는 의견은 내가 냈지만 실제로 처리는 남편이 다 한 것이다. 노원구로 이사 갈 때는 내가 좀 더 주도적으로 부동산 업무에 열중했다. 공동명의로 진행하면서 부부가 함께 준비해야 할 서류도 많았다. 직접 해보니 부동산 공부에도 도움이 되었다.

구로구에서 노원구까지 지하철로 한 시간이 넘게 걸리는 거리를 둘째를 임신한 몸으로 왕복하며 집을 알아봤다. 엄마이기에 힘든 상황도 견딜 수 있었다. 가슴 속 간절한 소망이 있었기에 5년 동안 세 번의 이사가 가능했다. 간절한 소망이 없었다면 첫 집을 마련하는 일도, 입지가 좀 더 나은 곳으로 갈아타는 것도 불가능했을 것이다.

돈은 우리가 살아가는 데 있어 없어서는 안 될 소중한 존재이다. 가족이 함께 행복한 삶을 살기 위해 돈을 공부하고 다루는 방법을 익혀야 한다. 나에게는 그 시작이 내 집 마련이었다. 가족에 대한 사랑을 바탕으로 내 삶을 책임지려고 한다. 돈에 쫓기는 것이 아닌 돈으로부터 자유로워져 내 주변 사람들과 행복한 삶을 꿈꾸고 있다.

이사 갈 때 알아두면 좋은 팁

포장이사 업체 선정

포장이사 업체를 3개월 전에 예약하는 것이 좋다. 나는 이사 가려는 날짜가 마지막 주 금요일이라 예약이 꽉 차 있었다. 알고 보니 손 없는 날이라 가장 이사하려는 사람도 많고 비용도 가장 비싼 날짜였다. 이사 날짜는 금요일이 아닌 월요일이나 화요일이 비교적 저렴하다. 또 사다리차 유무와 층수, 평형대에 따라 가격이 조금씩 다르니 여러 군데 업체를 미리 비교해 보는 것이 좋다. 포장이사 견적 비교해주는 사이트가 있으니 참고하면 좋다.

옷장 정리

입지 않는 옷 중 상태가 괜찮은 옷은 중고시장에 판매하거나 나누는 방법이 있다. 3박스 이상이면 온라인으로 신청할 수 있고 업체에서 직접 픽업해 간다. 옷과 아기용품이나 상태가 괜찮은 물품도 기부할 수 있다. 기부영수증 발급 받으면 소득공제도 가능하니 입지 않는 옷이 많다면 정리를 해보자.

폐가전 수거

쓰지 않는 가전제품이 있다면 폐가전을 무료로 수거해가는 업체에 수거 신청을 해두자. 폐기물로 버리는 것보다 직접 업체에서 수거해가 니 편리하다. 폐가전 무료가전 수거를 검색하면 인터넷에 다양한 업체 들이 소개되어 있다.

기타

귀중품은 따로 챙기자. 카메라, 노트북 컴퓨터 등 망가지면 안 되는 제품이나 고가의 물품은 따로 챙겨야 한다. 또 네이버 부동산에서 이 사 가려는 집의 도면을 프린트하여 가구 배치를 미리 구상해두면 빠르 다. 그래야 짐을 옮겨주는 분들께 바로바로 위치를 알려 드려 빠르게 마칠 수 있다.

Chapter 5.
워킹맘 육아 전략

워킹맘 퇴근 후 10분 활용법

　복직하면서 지연이가 16개월 되었을 때 어린이집에 보냈다. 낯가림이 없는 아이라 엄마와 떨어져도 적응을 잘했다. 지연이가 4살이 되자 점점 어린이집 가는 것을 싫어했다. 어린이집에 맡겨지면 엄마와 오랫동안 떨어져야 한다는 것을 아는 듯했다. 옷을 갈아입히면 떼쓰고 울며 걸으려 하지 않을 때도 있었다. 특히 퇴근 후 집에 돌아오면 유난히 징징거림이 심했다. 저녁 식사를 준비하는 동안에도 아이는 옷자락을 잡고 자기만 봐 달라고 보챘다.

　"지연아. 엄마 지금 저녁 먹을 준비해야 하니까 잠깐 놀고 있어."

　"엄마. 이거 해줘. 엄마. 이거 뭐야? 엄마. 이거 꺼내 줘."

장난감을 가지고 놀다가도 아이는 짜증 내고 자꾸 울었다. 뭐가 잘 안되는 모양이었다. 5분, 10분마다 아이에게 호출되니 나도 지쳐서 화 낼 때가 많았다. 점점 고민이 되었다. 아이가 징징거리는 것이 내가 일 을 일찍 시작해서 그런가 싶기도 했다.

하루를 돌아봤다. 퇴근 후 다시 집으로 출근한다는 생각에 할 일을 일찍 마치고 쉬고 싶었다. 마음이 조급했다. 오자마자 아이를 씻기고 저녁준비를 했다. 먹이고 나면 설거지와 빨래를 개는 등 밀린 집안일 도 해야 했다. 아이보다는 집안일이 먼저 눈에 들어왔다. 일하고 돌아 와 짧은 시간 안에 모든 것을 하려니 제때 되지 않으면 화가 났다.

하루가 가고 곤히 잠든 아이의 얼굴을 보면 미안한 마음에 머리카락 을 쓸어넘기며 이불을 덮어주었다. 항상 제일 늦게 하원 하는 지연이 를 보며 마음이 아팠던 적이 많다. 그런 아이를 눈 한번 제대로 안 마주 치고 엄마의 할 일을 했으니 계속 관심받고 싶었을 것이다. 그런 줄 알 면서도 왜 이렇게 아이에게 집중하여 놀아주는 것이 힘들었을까? 단 10분이라도 적극 아이와 놀아준다면 미안함도 조금은 덜하지 않을까?

직장에 나가게 되면서 아이와 함께하는 시간이 줄었다. 시간의 양보 다는 질로 채워주는 것이 좋다는 것을 깨달았다. 아이에게 먼저 집중 해주기로 했다. 눈에 들어오는 집안일은 뒤로하고 아이와 단 10분이라 도 정성껏 놀아주는 것을 먼저 하기로 했다.

"우리 딱 10분만 재밌게 놀고 엄마가 저녁밥 준비할게. 블록으로 성

만들까?"

"좋아. 지연이가 먼저 할래."

아이가 활짝 웃으며 고개를 끄덕였다. 어린이집 다녀와서 무조건 아이에게 먼저 집중해주니 그 이후 시간에는 징징거림이 조금은 줄어들었다. 10분이라도 아이에게 정성을 다해 놀아주었다는 생각에 죄책감도 덜 수 있었다.

엄마의 퇴근 후 10분이 아이에게 안정감을 줄 수 있는 최고의 황금 시간이다. 10분 동안 온 정성을 다해 아이와 눈을 맞춰 교감하고 마음의 대화를 나누며 놀아주는 것이다. 퇴근 후 시간이 부족한 나에게는 10분이라도 정성껏 놀아주는 것이 도움되었다. 내가 아이에게 했던 퇴근 후 10분 놀이법을 공유하고자 한다. 조금이라도 도움이 되길 바라며 공유한다.

퇴근 후 10분 골든 타임 놀이법
-신문지 격파 놀이

신문지를 반을 잘라서 한 장을 양손으로 판판하게 펼쳐 준다. 그 뒤에 아이에게 주먹으로 격파하게 한다. 얇은 종이이기 때문에 아이의 힘으로도 쉽게 신문지가 쫙! 찢어진다. 간단한 놀이로 아이가 굉장히 즐거워하고 스트레스도 해소된다. 우리 아이는 "또, 또 할래."를 반복하며 10분 내내 신문지를 찢으며 까르르 웃으며 즐거워했다. 또 신문지를 공처럼 꼬깃꼬깃 뭉쳐서 바구니나 상자 안에 골인시켜보는 방법도 있다. 이렇게 아이와 함께 엄마도 즐거워하며 웃는 얼굴을 자주 보여주면 아이도 정서적으로 많이 안정된다. 뒷정리가 비교적 쉽고 비용이 적게 드는 놀이이다.

–목욕 놀이

아이를 씻기는 김에 놀아 줄 수 있는 장난감을 준비한다. 비눗방울을 불어주거나 스프레이형식의 스노우 버블도 아이가 참 좋아한다. 요즘은 시중에 아이들이 좋아할 만한 입욕제도 많이 나와 있다. 향과 색도 좋고 물에 녹으면서 거품이 나기 때문에 아이가 좋아한다. 또 아이클레이처럼 모양을 만들어가며 가지고 놀 수 있는 입욕제와 비눗방울을 불 수 있게끔 동그란 고리 모양의 입욕제도 있다. 아이를 욕조에서 놀게 하고 옆에서 엄마도 편하게 씻을 수 있어 좋은 육아용품이다.

엄마도 아이도 행복해지는 앱 추천

–차이의 놀이

아이 개월 수에 맞는 정보를 제공해주고 놀이 방법을 소개해준다. 의외로 아이와 무엇을 하고 놀아줘야 하나 고민하는 엄마들이 많다. 나 역시 집에 장난감과 책이 있어도 색다르게 놀아주고 싶어 고민한적이 있다. 엄마표 장난감으로 미술 놀이 재료도 구매할 수 있다. 다양한 정보를 무료로 받아 볼 수 있다.

-네이버 오디오 클립

육아 카테고리에 들어가면 부모교육부터 해서 아이 건강발달 학습 코치 등의 코너가 있으니 엄마가 들어도 좋다. 자장가 동화와 창작동화 등 다양한 콘텐츠가 있으니 아이가 혼자 놀 때, 잘 때, 차로 이동할 때 들려주면 좋다. 식사 준비나 간단하게 집안일 정리할 때 아이가 엄마를 찾지 않고 잘 있어 주니 좋은 도구였다. 무료로 활용할 수 있는 좋은 콘텐츠들이 많으니 적극적으로 활용하여 엄마의 시간에 조금이라도 도움을 받아 볼 수 있길 바란다.

꿈꾸는 엄마의 육아법

양가 도움 없이 혼자서 직장과 육아를 병행하는 것은 고단했다. 남편도 야근하거나 회식으로 늦게 들어오는 날이 많아 거의 주말 부부나 다름없었다. 퇴근 후 집에 돌아오면 침대에 눕고 싶었지만 집은 또 다른 출근이었다. 직장과 가정에서 겪는 스트레스로 번 아웃이 왔다. 아무것도 하고 싶지 않았다. 다 내려놓고 싶었지만 그럴 수도 없었다.

남들도 다 하는 육아. 왜 이렇게 힘들까 생각해보니 나만의 시간이 없었다. 아이가 일어나면 더 자고 싶어도 따라 일어나야 했다. 퇴근 후 돌아와도 아이를 챙겨주느라 '나'는 없었다. 아이와 함께 있을 때는 아이 위주로 시간이 흘러가니 가슴이 답답했다. 어떻게 살아야 할지 나에게 끊임없이 질문했다. 나를 잃지 않기 위해 나만의 시간이 절실하

게 필요하다는 것을 깨닫고 내가 확보할 수 있는 시간을 확보하기로
했다.

"오빠, 나 책 좀 읽고 싶은데 지연이 재워줄 수 있어?"

"알겠어. 오늘은 내가 재워 볼게."

남편이 일찍 들어온 날 첫째를 재워달라고 부탁했지만 아이는 엄마
만 찾았다. 아빠와 자려고 방에 들어가면 슬금슬금 기어 나와서 아빠
한테 혼나기 일쑤였다. 내 시간을 갖고 싶어도 아이와 떼려야 뗄 수 없
는 존재였다. 아이를 재워놓고 조용히 방을 빠져 나오면 아이가 눈치
채고 금세 깨버렸다. 쉽게 잠들지 않는 아이를 재우느라 한숨이 나오
고 답답했다. 아이가 아직 어린데 나만의 시간을 갖는 것은 사치라는
생각이 들기도 했다.

일과 육아에 지친 삶에서 벗어나 변화하고 싶었다. 나만의 시간은
누군가 주는 것이 아니었다. 내가 쉬고 싶으면 남편도 쉬고 싶었고 나
를 위해 육아를 대신하며 희생해줄 사람은 없었다. 누구에게도 의지하
지 않고 스스로 그 시간을 확보해야 했다.

새벽 기상을 하기로 했다. 과감하게 아이가 잘 때 따라 자고 새벽 5
시에 일어나기로 했다. 새벽 기상을 위해 아이를 늦어도 밤 10시 안에
는 재워야 했다. 밤 9시면 불을 끄고 취침 준비를 했다. 처음에는 새벽
에 일어나는 것이 힘들었지만, 막상 일어나서 세수하고 식탁에 앉으면
일어나길 잘했다는 생각이 들었다. 아무도 깨지 않은 고요한 새벽. 새
벽이 주는 에너지가 좋았다. 시간을 선물 받는 느낌이었다.

새벽에 일어나 가장 먼저 한 일은 책 읽기였다. 책은 읽고 싶어도 당장 먹고사는데 급한 것이 아니기에 늘 우선순위에 밀렸다. 우리는 급한 일보다 중요한 일을 하며 인생을 살아야 한다. 급한 일은 어떻게서든 하게 되지만 중요한 일은 내가 의식하지 않으면 계속 미루게 된다.

나에게 중요한 일은 독서였다. 책 읽는 시간은 꼭 사수하고 싶었고 책을 통해 성장하고 싶었다. 그렇게 매일 하고 싶었던 것을 행동으로 옮기니 나도 마음먹으면 할 수 있다는 자신감이 생겼다.

새벽 기상을 시작하고 한 달이 지나고 두 달이 지나자 알람 없이도 일어날 수 있게 됐다. 새벽 5시에 일어나 7시까지 두 시간 정도 나만의 시간을 갖고, 7시부터 출근 준비를 했다. 아이를 준비시켜 7시 40분에 어린이집에 데려다주고 출근했다.

아이가 있으면 언제나 변수가 생길 수 있으니 전날 미리 준비해 두면 편하다. 전날 밤 지연이가 어린이집 갈 때 입을 옷과 양말, 가방을 미리 싸두었다. 아침에 먹일 음식도 미리 준비해 뒀다. 덕분에 여유로운 아침을 보낼 수 있었다. 새벽 기상을 위한 루틴을 잡아가니 한결 편해졌다. 나를 위한 시스템을 스스로 만든 것이다. 나만의 시간이 생기니 자존감이 올라갔다.

요즘 코로나19 팬데믹 이후 '미라클 모닝'을 하려는 사람이 많아졌다. 이른 아침에 일어나 자기계발 하는 것을 뜻한다. 아침형 인간을 목적으로 하는 것이 아니라 엄마 자신을 돌보는 시간을 갖는 것을 목표로 해보면 좋을 것이다. 꿈꾸는 엄마에게 절대적인 시간 확보는 중요하다. 엄마의 삶의 주도성을 갖길 응원한다.

아이와 함께 성장하는 육아

지연이가 5살 때 일이다. 아이를 데리러 어린이집에 갔다. 원장님께서 굳은 표정으로 말씀드릴 것이 있다며 교실로 안내했다.

"어머니, 지연이가 색칠할 때 종이가 찢어질 정도로 지나치게 색칠해요. 친구들이 정리한 장난감을 꼭 자기가 해야 한다면서 전부 다 꺼내서 열 맞춰 정리하기도 하고요. 평소에 이런 경향이 있나요?"

"아, 네. 색칠할 때나 가위질할 때 선 밖으로 삐져나가면 짜증 내고 울긴 해요."

"소아강박증일 수도 있어요. 어릴 때 잡아주지 않으면 커서 가장 힘든 건 지연이에요. 소아정신과에 가서 상담받아보시는 게 어떠세요?"

4살 때부터였던 것 같다. 색칠할 때 가위질할 때 선 밖으로 튀어 나가는 것을 싫어했다. 스티커 붙일 때도 틀 안에 벗어나면 짜증 내고 울었다. 좋게 타일러도 보고 다른 제안을 하기도 했지만 도통 먹히지 않아 답답했다. 색칠 공부하는 것과 스티커 붙이는 활동지를 숨겨놓고 아예 못하게 한 적도 있다. 상황이 반복되자 아이가 짜증 내고 울면 나는 이렇게 말했다.

"너 잘 안된다고 떼쓰고 울면 엄마는 이거 버릴 거야. 짜증 내지 말고 해. 잘 안될 수도 있는데 그냥 가볍게 넘어가."

"거봐. 그럴 거면 엄마가 하지 말라고 했지. 하지 마."

지연이가 완벽을 추구하는 것 같았고 어른인 내가 봤을 때 별것 아닌 것에 힘들어하는 것 같았다. 그저 떼쓰는 것이 심하다고 생각했다. 크면 좋아지겠거니 했는데 어린이집에서도 얘기하니 걱정이 되었다.

원장님의 권유로 심리치료센터에 찾아갔다. 검사 결과 다소의 강박 성향이 있으나 일상생활에서 문제 될 정도는 아니라고 하셨다. 소아 강박증이 아니라니 정말 다행이었다. 상담받은 이야기를 전하자 남편이 말했다.

"나도 어릴 때 약간 완벽주의 성향 때문에 힘들었어. 색칠할 때나 종이접기할 때도 그랬고. 문제가 풀리지 않으면 몇 시간 동안 붙잡고 있다가 자책도 많이 했어. 지금도 이런 성향 때문에 회사에서 일할 때 스트레스 많이 받아. 지연이가 내 성격 닮은 것 같아서 안쓰럽다."

"우리가 잘 지도해줘야 할 것 같아. 나도 그동안 떼쓴다고 혼냈는데 다른 방법을 찾아봐야겠어."

잘 해내고 싶은 아이의 마음을 '꼼꼼함'이라는 장점으로 바라봐 주면 좋았을 텐데 떼쓰고 우는 것에만 집중하지 않았나 싶다.

'회복 탄력성'이라는 심리학 용어가 있다. 자신에게 닥친 온갖 역경과 어려움을 오히려 도약의 발판으로 삼는 힘을 말한다. 아이가 살면서 힘든 일도 분명 겪을 것이다. 그때마다 내가 매번 해결해 줄 수도 없는 노릇이고 아이 스스로 이겨내야 한다. 내가 먼저 회복 탄력성을 높이고 긍정적인 마음가짐과 유연한 사고방식을 가져야 아이도 배울 수 있을 것이다.

아이의 문제 행동이 나타날 때 나는 긍정의 언어보다는 부정의 언어를 자주 사용했다는 것을 알게 되었다. 아이에게 늘 따뜻하게 지지해 주는 부모가 되고 싶지만, 현실적으로 쉽지 않음을 느낀다. 아직 자기 조절이 어려운 시기인데 당장 떼쓰는 것을 고쳐보겠다고 잘못된 방법으로 훈육하고 있었던 것 같아 미안했다.

"이거 안 되잖아. 나만 못해."

"상자에 테이프를 딱 맞춰서 붙이고 싶은데 잘 안됐구나. 아직 지연이가 어려서 어려울 수 있어. 엄마가 도와줄까?"

아이가 힘들어하는 이 상황이 오히려 회복 탄력성을 키우는 기회가 될 수 있다. 처음에는 마음 읽어주는 것이 어려웠다. 마음을 읽어줘도 도통 달래지지 않았기 때문이다. 어렵지만 아이의 마음 읽어주는 것을 먼저 해주려고 노력했다. 마음에 공감해 준 뒤 제안을 해주는 것이다. 그리고 결과보다는 과정을 칭찬하는 것이 좋다.

아이를 키우다 보니 기다려주는 것, 존중해주는 것이 중요하다는 것을 알지만 정말 어렵다. 아이의 마음을 편안하게 해주고 긍정의 언어로 지도해줘야 하는데 나도 덩달아 욱해 화낸 적이 많다. 그럴 때마다 나의 감정조절에 미숙함을 많이 느꼈다.

6살인 지금도 아이는 뜻대로 되지 않으면 힘들어한다. 그래도 예전처럼 울고 징징거리는 시간은 많이 줄었다. 보드게임을 하며 지는 경험도 시켜주며 스스로 마음을 조절할 수 있게 옆에서 지도해주고 있다. 아이가 떼쓰면 욱해서 화낼 때도 잦지만 나도 아이와 함께 감정조절을 연습한다.

아이는 부모의 언어보다 생각을 더 빨리 배운다. 나의 가치관을 어느새 아이가 닮아가고 나의 프레임이 아이의 프레임이 될 수도 있다. 아이의 문제 행동을 부정적으로 보기보다는 회복 탄력성의 기회로 보고 함께 마음 조절하는 연습을 하려 한다. 회복 탄력성이 높은 아이, 자존감이 높은 아이로 키우고 싶다면 나부터 그런 엄마가 되어야 함을 느낀다.

아이 키우는 것이 내 맘 같지 않아 육아가 참 어렵다. 아이가 자라면서 생기는 고민을 해결하려 상담도 받고 공부도 하면서 나도 함께 성장하는 것 같다. 아이를 키운다는 것은 나를 돌보는 것이기도 하다. 여전히 부족한 엄마지만 조금이라도 좋아지려 애쓰는 엄마이기도 하다. 아이도 나도 함께 성장하는 중이다.

하루 10분 워킹맘 책 육아

지연이가 태어난 지 6개월 되었을 때 지인의 소개로 전집을 구매했다. 매일 어떻게 놀아줘야 하나 고민하던 중 책은 아이와 나에게 잘 맞는 놀이 방법이었다. 지연이가 제법 집중도 잘하고 손을 파닥거리며 좋아했다. 그때부터 책 육아에 관심이 커졌고 아이를 책으로 키우고 싶다는 생각이 들었다.

지연이가 클수록 책에 대한 반응이 다양해졌다. 자주 읽어주다 보니 나중에는 스스로 책을 빼 와 내 무릎으로 엉덩이를 들이밀기도 했다. 그 모습이 어찌나 귀엽고 사랑스러운지 안 읽어 줄 수가 없었다. 작은 손가락으로 주인공 짚으며 옹알이했다. 혼자 앉아서 책장을 넘기며 내가 책 읽을 때 흉내 냈던 모습을 그대로 따라 하기도 했다. 아이가 책을 자주 들이밀었고 어떤 때는 30권을 쌓아놓고 읽어준 적도 있었다.

복직 후에는 아이가 원하는 대로 책을 다 읽어줄 수가 없었다. 피곤
함에 아이가 책을 가져오면 이따 읽어준다며 관심을 다른 데로 돌리곤
했다. 아이도 점점 스스로 책을 빼 오는 일이 줄었다. 내가 책에 점점
손을 놓으니 아이도 관심이 적어졌다. 책으로 아이를 키워보겠다는 나
의 다짐은 희미해지고 있었다.

내가 할 수 있는 다른 방법을 찾기로 했다. 욕심내지 말고 하루에 딱
한 권만 매일 읽어주는 것이다. 퇴근 후 집에 돌아오면 해야 할 일들이
나를 기다리고 있다. 예전처럼 책을 많이 읽어줄 수는 없었다. 짧은 시
간 적극적으로 책을 읽어주기로 했다. 딱 10분이면 된다. 자기 전에 읽
어주거나 퇴근 후 집에 오자마자 바로 읽어주는 것도 좋다. 그림책 한
권속에 아이와 나눌만한 메시지가 많이 담겨있다. 상황에 맞는 그림책
을 골라 하루에 한 권 읽어주고 아이와 이야기를 나눠보자. .

"엄마. 나는 엄마가 일찍 데리러 왔으면 좋겠어."

"많이 기다렸지? 엄마가 공룡 배 속 같은 지하철을 타고, 버스를 타
고 지연이에게 무사히 도착했잖아."

그림책과 연계된 뮤지컬도 많이 있다. 평일에 아이와 보낼 시간이
적으니 주말에 아이와 활용하기에 좋다. 뮤지컬을 보러 가면 책 속의
주인공들을 실제 만난 것 같아 아이가 무척 좋아했다. 또 보고 난 후 뮤
지컬 표를 책에 붙여주면 그때를 추억할 수 있다. 책으로 연결지어 아

이와 나눌 수 있는 경험은 무한하다.

아이와 함께 있는 시간이 절대적으로 부족한 워킹맘이지만 책을 통해서 아이에게 충분히 사랑을 전해줄 수 있다. 아이와 책으로 쌓은 소중한 추억이 많다. 하루에 한 권 10분 정도 매일 하다 보면 아이도 그 시간을 기다리게 된다. 엄마가 아이에게 꼭 읽혀주고 싶은 책이 있다면 마음을 담아 간단하게 책에 편지를 써서 주는 것도 특별한 선물이 된다. 아이가 앞으로도 책을 좋아하고 엄마와 추억이 많은 좋은 도구로 생각했으면 한다. 하루 10분으로 아이에게 소중한 시간을 선물하자.

워킹맘 표 책 육아 3단계 공식

어릴 때 책을 싫어했다. 책은 학교에서 내준 독후감 숙제를 위해 꾸역꾸역 읽어내는 것이었다. 엄마가 되니 스스로 책을 빼 들었다. 삶에 필요한 지식과 지혜를 책에서 얻기 위함이다. 의미 있는 문장을 발견하면 그 뜻을 곱씹어보기도 하며 새로운 세계에 빠지게 되었다. 책을 읽고 나서 나의 삶이 그전보다 나아졌고 긍정적으로 변하게 되었다.

아이들에게도 책을 통해 다양한 경험과 재미를 느끼게 해주고 싶다. 모든 것을 직접 경험해 보게 할 수는 없지만, 책으로는 가능하다. 시간과 공간을 초월해 간접 경험이 가능하다. 여행가가 되어 다른 나라로 여행을 갈 수도 있고, 구름빵을 먹고 두둥실 떠올라 하늘을 나는 상상도 할 수도 있다.

아이가 살아가면서 수많은 한계와 좌절을 겪을 수도 있다. 책 속 주인공과 등장인물의 문제 해결 방식을 통해 스스로 생각하고 답을 찾으면 좋겠다. 내면이 단단한 아이로 자라길 바라며 책 육아를 시작했다. 먼저 책 육아를 하려는 나만의 이유를 생각하고 시작하길 바란다.

1단계 : 우리 집 책 환경 만들기

어떤 환경이 만들어졌느냐에 따라 우리의 하루가 다르다. 아이가 자주 노는 공간에 책장을 마련하여 아이가 좋아할 만한 책으로 여러 권 꽂아두는 것이 좋다. 어떤 책을 사야 할지 고민이 될 수도 있다. 여기저기 비교하고 검색할 시간이 부족하다면 한 출판사의 북클럽 서비스를 통해 정기적으로 관리받는 것도 괜찮다.

"두 귀가 쫑긋하고 굴속에서 사는 동물은 어디 있지?"

바닥에 자연 관찰 책을 표지가 보이게 여러 권 깔아두었다. 동물의 특징을 찾아 맞추는 놀이다. 책으로 기찻길을 만들어 걸어가 보기도 한다. 엄마가 직접 놀이를 통해 상호작용을 해주기 때문에 아이가 좋아한다. 책이 장난감 역할도 해주는 것이다.

아이의 관심을 끌게 하고 싶은 책이 있다면 전면책장에 책 표지가 보이게 노출하거나 바닥에 깔아놓고 집안 곳곳에 노출해주면 아이는 호기심을 갖고 점점 보게 된다. 어릴 때 좋아하던 독서 습관을 계속 이어가려면 책 환경이 중요하다. 책이 많든 적든 아이가 자주 노는 곳에 책이 있으면 아이도 자주 꺼내와서 읽어달라고 할 확률이 높다. 아이가 노는 곳곳에 책을 두자.

2단계 : 소리 내어 읽어주기

엄마의 따뜻한 음성으로 아주 어릴 때부터 책을 소리 내어 읽어주는 것이 좋다. 아이는 사랑받고 있다는 느낌과 정서적 만족감을 느낀다.

아이가 같은 책을 반복해서 읽어달라고 할 때가 있다. 처음에 발견하지 못한 의미 있는 장면을 발견하며 몰입하는 것이다. 한글을 떼지 못한 지연이에게 책을 여러 번 읽어주다 보니 외워서 스스로 읽는 시늉을 한 적도 있다. 아이에게 책을 소리 내어 자주 읽어주다 보면 뱉어내는 어휘력도 훨씬 풍부해지는 것을 경험할 수 있다.

아이의 읽기 수준과 듣기 수준이 중학교 2학년 무렵에 같아진다고 하니 초등학교 고학년까지는 부모의 음성으로 책을 읽어주면 좋다.

3단계 : 매일 한 권 읽어주기

하루에 한 권이라도 매일 지속해주는 것이 좋다. 하루에 한 권이 부담스럽다면 일주일에 3~4번이라도 시도해 보자. 꼭 책을 처음부터 끝까지 다 읽어줄 필요는 없다. 아이가 중간에 재미있어하는 포인트가 있어 자꾸 질문한다면, 진도를 나가기보다 질문에 답하며 대화를 이어나가는 것도 좋다.

"지연이도 퍼시처럼 친구들이 부러웠던 적이 있어?"

"나도 성호처럼 키가 컸으면…."

"키는 지금 작아도 앞으로 잘 먹으면 더 클 수 있어. 엄마는 지연도 특별한 재능이 있는 것 같아. 친구들을 잘 웃겨주잖아!"

피터 벤틀리 작가의 [특별한 물고기가 되고 싶어]를 읽고 아이와 대화를 나눈 대화다. 딸이 키득거리면서 친구들이랑 있었던 이야기를 재잘거렸다. 이렇게 책을 소재로 아이가 어린이집에서 겪었던 이야기나 생각을 자연스럽게 묻고 들어볼 수 있다. 아이는 책 속의 주인공이 자신이라고 생각하기도 하고 끊임없이 상상한다. "지연이라면 어떻게 했을 것 같아?" 책 속 주인공과 대입시켜 아이의 생각을 물어보면 재미있는 반응이 많이 나온다.

품 안에 들어와 무릎에 앉아 가만히 이야기를 듣던 지연이가 생각난다. 지금은 무릎에 앉혀 책을 읽어주는 것은 힘들다. 옆에 앉혀두고 책상에서 읽어주고 있다. 아이가 어느새 커 책을 읽어줄 수 있는 시간도 지나고 나면 그리운 추억이 될 것이다. 이 시간을 소중히 하고 즐겁게 책 육아를 했으면 좋겠다. 책 육아 3단계 공식을 기억하고 꾸준히 해보자. 워킹맘의 책 육아를 응원한다.

워킹맘 하루 15분의 행복

강남역에서 근무할 때 출퇴근 시간은 왕복 두 시간이었다. 지연이를 어린이집에 데려다 주고 지하철역에 도착했다. 콩나물시루처럼 빼곡하게 사람들이 들어찬 지하철 안. 평소 고민했던 것들을 다시 끄집어 냈다.

엄마가 되니 내가 어쩔 수 없는 일로 가득했다. 아이는 자주 감기에 걸렸고 매번 연차를 쓸 수는 없었다. 직장을 그만둘 수도, 가까운 곳으로 이직하기도 쉽지 않았다. 타인의 도움이 절실했지만 도움받을 여건이 되지 않았다. 다람쥐 쳇바퀴 돌듯한 일상이 반복되며 몸과 마음이 지쳤고 매일 어떻게 살아야 하나 고민했다.

"자기가 힘들면 그만둬도 돼."

"그만두면 다시 일을 시작하기 힘들 것 같아. 힘들어도 계속해야지.

근데 지연이가 마음에 걸려."

자꾸만 아픈 아이를 어린이집에 보내고 출근하는 것이 마음 아팠다. 이기적인 엄마가 되는 것 같아 그만둘까 하는 생각을 수없이 많이 했다. 그래도 일을 그만둘 수는 없었다. 경제적인 이유도 있었지만, 그보다 중요한 것은 일을 놓아버리면 나를 잃어버릴 것 같았다. 지연이를 낳고 1년의 육아휴직이 나에겐 감옥처럼 느껴지기도 했다. 아무것도 할 수 없게 될까 봐 두려웠다. 심리적 압박감과 죄책감은 오롯이 나의 몫이었다. 내가 마음을 조절하며 버티는 방법밖에 없었다. 주변에 물어볼 워킹맘 선배도 없었다. 양가 도움을 받지 못한다면 그만두라는 말뿐 이었다. 나에게 현실적인 조언을 해주고 진심으로 공감하며 위로해줄 사람이 없다고 느껴졌다. 자존감도 낮았고 어떻게 해야 할지 몰라 그저 무기력해 있었다.

답답한 마음에 휴대전화만 뒤적거리다 네이버 포스트에 연재된 워킹맘들의 글을 읽었다. 나만 이렇게 힘든 것이 아니었다는 생각에 공감도 되고 위로가 됐다. 그러다 워킹맘을 위한 오디오 방송이 있다는 것을 알게 됐다.

매일 출퇴근길에 오디오를 들었다. 다양한 사연을 들으며 웃기도 하고 나와 비슷한 사연에 눈물이 고이기도 했다. 일하면서 아이에게 드는 죄책감을 해결하는 데에 많은 도움이 되었다. 10~15분 내외라 듣기에도 부담 없다.

내가 나를 아끼고 사랑해야 아이도 행복하게 키울 수 있다. 힘든 나를 들여다보고 위로하며 행복해지는 방법을 찾고 싶었다. 도망쳐버리고 싶을 만큼 힘들다가도 오디오를 들으면 힘이 났다. 그 시간이 쌓이니 나를 좀 더 생산적으로 바꾸고 싶어졌다.

매일 출퇴근길 15분, 내 삶에 변화가 찾아온 것이다. 꾸준히 좋은 것을 읽고 들으며 의식 전환을 하는 것이 중요하다.

하루 15분 나에게 긍정적인 인풋 하는 시간. 이렇게 시간에 이름을 붙여보자. 워킹맘이라 시간이 부족하게 느껴질 수 있다. 일상에서 흘러가는 시간을 단 15분이라도 나만의 시간으로 활용하면 좋겠다. 너무 부담스럽지 않은 선에서 가볍게 시작할 것을 권한다. 출퇴근 길 대중교통 이용할 때나 운전할 때, 집안일 할 때 등 자투리 시간을 활용하는 것이다. 요즘 무료 콘텐츠들이 많으니 좋아하는 것 또는 공부하고 싶은 콘텐츠를 골라 들으면 된다. 경제, 인문학, 부동산, 독서, 취미 생활 등 오디오로 틀어놓고 집안일을 하는 것도 좋은 방법이다. 나에게 에너지를 줄 수 있는 음악이든, 유튜브 방송이든, 책이든 좋은 것을 귀로 듣고 의식적으로 시간을 가져보자.

긍정적인 인풋을 위한 15분은, 일하고 육아하느라 바쁜 엄마를 위해 짧지만 소중한 시간이 될 수 있다. 하루 15분이라도 매일 반복되면 그 시간이 쌓여 어떤 아웃풋이 나올지 모른다. 짧은 시간이라도 밀도 있게 쓰면 좋겠다. 나 자신을 삶의 중심으로 두고 나를 위한 의미 있는 시간을 통해 당신이 행복해지길 바란다.

Chapter 6.
꿈을 지속하는 당신에게

엄마의 꿈을 응원하며

친정어머니가 집에 오셨다. 아이를 맡기고 나가야 할 일이 있어 겸사겸사 서울에 놀러 오시라고 했다. 엄마가 되니 엄마에게도 엄마가 필요할 때가 많다.

"엄마. 반찬 좀 그만 갖다 주셔. 집에서 밥도 잘 안 먹는데."

"나이 들면 딸네 집 갖다 줄 반찬 해주고 손주 보는 재미로 사는 거야. 너도 나이 들어봐라."

아무것도 가져오시지 말라 해도 어머니는 늘 빵빵해진 배낭 가방과 커다란 어깨 가방을 메고 오신다. 가방 안에는 김장김치와 밑반찬, 시골에서 키운 마늘과 배추가 들어있었다. 시골은 늘 일이 많다며 바쁘다는 말을 입에 달고 사시는 어머니다. 바쁘시다면서 뭘 이리 많이 가져오시는지. 서울에 오시라고 하면 어머니는 며칠 전부터 분주해지신다는 것을 안다. 아버지가 드실 음식도 만들어 둬야 하고 농사일도 미리 손볼 것은 해두고 오신다. 거기에 반찬까지 만드느라 혼자 바쁘셨을 거다. 감사하고 죄송한 마음에 제발 가져오지 마시라고 화낸 적도 많았다. 가족들 뒷바라지하느라 바쁘기만 한 모습을 보면 마음 아프다.

"너는 하고 싶은 것하고 살아. 엄마가 아이 봐줄 테니까 필요하면 부르고."

첫째를 낳고 친구랑 놀고 싶을 때, 남편이랑 데이트하고 싶을 때 종종 '엄마찬스'를 썼다. 전라도 시골에서 서울까지 오시려면 4시간은 족히 걸리는데도 농사일이 바쁠 때를 제외하고 어머니는 딸을 위해 와주신다.

고등학생 때 친구와 점심 약속을 잡았다. 대중교통이 잘 되어있지 않은 시골 마을이라 아버지가 버스정류장까지 데려다주셔야 나갈 수 있었다. 시간이 지나도 아버지가 오시지 않자 초조해졌다.

"엄마. 아빠 왜 안 오시는 거야? 이럴 때 엄마가 운전하면 얼마나 좋아."

"그러게. 너희 아빠가 차를 안 주는데 어떡하니. 엄마도 운전하고 싶지."

어머니는 25년째 장롱면허다. 여러 번 연수도 받고 운전대를 잡기도 했지만, 아버지는 불안한지 어머니한테 차를 안 주려고 하신다. 외출

한번 하려면 아버지에게 일일이 허락받고 데려다주셔야 나갈 수 있었다. 어머니는 지금도 운전을 못 하는 것에 미련이 많으시다.

어머니는 하고 싶은 것도 배우고 싶은 것도 많은 열정적인 분이다. 하지만 남편과 자식이 먼저라 할 수 없는 모습을 자주 봤다. 어릴 때 어머니는 분명 나보다 피아노를 잘 치셨다. 지금은 어느새 다 잊어버려 연주를 전혀 못 하신다. 한가해지면 다시 칠 거라며 30년 된 낡은 피아노를 아직도 버리지 못하신다. 어머니는 도대체 언제 한가해지실까?

가슴속 한편에 자리 잡은 꿈을 먼저 꺼냈으면 좋겠다. 아이를 낳아 보니 친정어머니 생각을 자주 하게 된다. 어머니도 엄마이기 전에 여자였고 꿈이 있었을 거다. 30년을 '애들 엄마'로 살아오신 어머니는 자신이 하고 싶은 것, 꿈은 뒤로한 채 먹고사는 것이 먼저였고 자식들과 남편 뒷바라지가 먼저였다. 지금도 딸이 부르면 먼 거리도 한걸음에 달려와 주시는 어머니를 보면 감사하고 죄송하다.

어머니도 본인의 인생 재밌게 사셨으면 좋겠다. 쉽지는 않겠지만, 어머니가 자신에게 아낌없이 투자하고 마음껏 하고 싶은 것 하며 행복하셨으면 좋겠다. 자식, 손주 보는 재미 말고 어머니만의 재미로 기쁘셨으면 좋겠다.

자신의 꿈은 뒤로한 채 자식과 남편이 먼저인 어머니를 보며 나는 다른 엄마고 싶었다. 그저 아이들의 엄마로만 살지 않을 거라고 다짐했다.

엄마가 되면 시간과 돈을 마음대로 쓰지 못하는 경우가 많다. 나에게 투자하며 당당하게 꿈꾸고, 하고 싶은 것 하는 엄마가 되고 싶다. 가슴 속 꿈을 꿈으로 접어두는 것이 아닌, 내 시간을 갖고 나의 삶을 주도적으로 사는 엄마가 되려 한다. 아이들이 결혼하고 아이를 낳는다면, 진짜 인생이 시작될 수 있다고 말해주고 싶다. 엄마도 할 수 있다고. 너희가 엄마가 되어도 꿈을 꾸고 살라고 말해줄 것이다.

엄마의 크고 작은 꿈을 꺼내 작게라도 시작해 보자. 나를 잃지 않았으면 좋겠다. 엄마 자신만의 꿈을 응원한다.

아이는 엄마의 행복을 먹고 자란다

2018년 3월 처음 마련한 집. 내가 가장 좋아한 나만의 공간은 거실 식탁이었다. 식탁 위에 둘 꽃병도 하나 샀다. 생화 한 송이를 사서 꽃병에 꽂아두었다. 조명을 어둡게 하여 캔들까지 켰다. 은은한 향이 기분 좋았다.

아이를 재워두고 슬그머니 빠져나와 식탁에서 혼자 분위기를 내는 것을 즐겼다. 내가 가장 좋아하는 공간을 꾸미고 혼자 있는 그 시간이 너무 행복했다. 깨끗하게 정돈된 하얀 식탁에 앉아있으면 무엇이라도 할 수 있을 것만 같은 에너지가 솟아났다.

식탁에 앉아 시간을 보내다 어떤 것을 하면 좋을까 고민했다. 내가 좋아하는 것을 해보기로 했다. 손으로 만드는 것을 좋아하니 미술 쪽으로 취미를 찾아보았다. 온라인 취미 강의 플랫폼인 '클래스 101'을 보다가 색연필 드로잉을 배워보기로 했다.

그때부터 아이를 재워놓고 그림을 그리기 시작했다. 꽃의 질감을 표현하기 위해 다양한 기법을 배우며 따라 했다. 도톰한 종이 위에 서걱서걱 꽃을 그리고 있으면 기분이 좋았다. 완성된 그림을 사진을 찍어 수강생 댓글 창에 올리면 선생님께서 피드백도 해주셨다.

아이를 재워놓고 내가 좋아하는 취미 생활을 시작하니 행복했다. 누구에게도 방해받지 않는 시간을 갖는 것 자체만으로도 벅차올랐다. 스트레스가 풀렸다. 매일 그림 그리는 시간이 기다려졌다. 무의미하게 일과 육아를 병행하며 지쳐있는 나에게 취미 생활이 생기니 활기가 돌았다. 아이 재워놓고 내가 좋아하는 공간에서 분위기를 내며 그림 그리는 그 시간이 소중했다.

취미 생활을 하며 방향성을 고민했다. 분명 스트레스가 풀리고 재밌긴 했지만 그림 그리는 것을 지속할 열정은 없었다. 강의를 완주하고 나면 앞으로 무엇을 할지 고민했다. 나에게 지속할 열정을 주는 것이 무엇이 있을까, 어떻게 살아야 즐거울까, 나는 무엇을 좋아할까 고민하며 책도 읽고 끊임없이 질문했다. 명확한 답이 나온 것은 아니지만, 앞으로도 나를 위한 시간을 계속 가져야겠다고 생각했다. 앞으로 나에게 도움이 되는 현실적인 자기 계발을 통해 성장하고 싶었다. 그러면서 새벽 기상을 하게 되었고 독서에 집중할 수 있었다. 취미 생활을 통해 새로운 나만의 시간을 찾고 새로운 발견을 한 것이다.

"자기가 취미 생활하니까 보기 좋다. 나도 회사에서 스트레스 많이 받고 답답한데 뭘 하면 좋을까?"

"컴퓨터 게임은 하고 나면 괜히 했다는 생각이 든다고 했잖아. 후회되는 거 말고 하고 나면 기분 좋아지는 걸 찾아봐."

내 시간을 찾고 취미 생활하는 나를 신기해하던 남편은 자신도 할 수 있는 취미를 찾아야겠다고 했다. 다이어트도 할 겸 평소에 운동 하고 싶었던 남편은 퇴근 후 자전거를 타고 집에 와도 되느냐고 물었다.

지하철로 직장이 한 시간 거리인데 자전거를 타고 집에 오면 두 시간 반이나 걸린다. 일단 하고 싶으면 해보라고 말했다. 남편은 야근이 없는 날이면 자전거를 타고 집에 왔다. 주말에는 자전거로 둘레길을 다니며 운동 겸 취미 생활을 즐겼다.

남편도 나 못지않게 힘들었을 것이다. 육아에 도움을 주고 싶어도 회사 사정상 정시 퇴근이 안 되는데, 억지로 하는 야근과 회식에 아내의 눈치까지 보이니 얼마나 힘들었을까. 남편은 컴퓨터 게임으로 스트레스를 풀었고 나는 그런 모습이 답답해 잔소리한 적도 많았다. 마음 한구석엔 안쓰럽기도 했다. 그런 남편이 취미 생활로 자전거를 탄다고 하니 응원해주고 싶었다. 주말에 같이 육아 안 해도 되니까 실컷 타고 오라고 했다.

가정을 이루니 엄마의 영향력이 아이와 남편에게도 가는 것을 느낀다. 취미를 찾는 것부터가 나를 찾는 시작일 수 있다. 내가 취미 생활을 하니 남편도 따라 하고, 내가 행복해지니 남편과 아이에게도 더 잘할 수 있었다.

꿈이 있는 엄마는 행복하다. 거창하지 않고 소소한 꿈일지라도 하고 싶은 것이 있으면 그것도 꿈이 된다. 일상에 지치다가도 꿈이 있으면 힘낼 수 있다. 하고 싶은 것을 작게라도 시작하자. 엄마가 먼저 행복해지는 연습을 해보길 권한다. 일단 좋아하는 것부터 작게라도 시작해보는 것이 어떨까. 나는 뜨개질, 수채화, 색연필 드로잉 등을 틈틈이 배우며 내 시간을 갖는 것만으로도 스트레스가 풀리고 행복했다. 온라인 수강으로 시간 제약이 없어 집에서 편안하게 배울 수 있었다.

삶의 중심은 늘 나부터다. 누구보다도 아이를 사랑하지만, 엄마가 행복하지 않으면 아이에게 제대로 된 사랑을 주기 힘들다. 엄마로 살아가는 당신이 행복하기를 바란다.

처음부터 잘하는 사람은 없다

첫째가 4살 때다. 토요일 아침 8시에 집을 나서 근무하고 돌아오니 오후 3시 30분이었다. 남편이 아이 보는 것이 힘들다고 카톡을 보내 마음이 불편했다. 현관 비밀번호를 누르는데 남편의 언성과 아이의 울음소리가 들렸다. 분위기가 심상치 않았다.

"왜 그래. 무슨 일이야?"

"말을 너무 안 들어. 밥도 안 먹고 장난만 쳐서 혼냈더니 울어."

"그런다고 애를 이렇게 잡으면 어떡해."

나 없이 남편과 아이가 집에 있으면 무슨 일이 생길까 두려운 적이 많다. 남편이 아이 돌보는 것을 힘들어하니 애를 잡는 것처럼 느껴졌다. 주말에 한번 아이 보는 것도 못 하겠다고 하니 화가 났다. 독박 육아가 얼마나 힘든 것인지 남편이 알아주기를 기대했는데 내가 힘든 것은 알아주지 않는 것 같았다. 우리는 서로를 이해하지 못한 채 자기가 더 힘들다고 했다. 아이와 함께하는 소중한 주말인데 아이는 혼나고 부부싸움으로 번져있으니 속상했다. 따로 있는 평일보다 함께 하는 주말에 더 자주 다퉜다.

문득 이런 생각이 들었다. 평소 육아서, 자기 계발서, 경제 서적은 읽으면서 부부 관계에 관한 책은 읽어 봤나? 남편을 이해하려고 노력은 해봤나? 행복한 가정을 만들려면 어떻게 해야 할까?

남편 힘든 것을 먼저 알아주고 객관적으로 생각하려고 노력했다. 남편과 내가 육아하며 유난히 욱하는 순간이 언제인지 떠올려 봤다. 남편과 나의 어린 시절 해결되지 않은 욕구가 있는지 생각해 봤다.

어릴 때 어머니가 일찍 돌아가신 남편은 보살핌에 익숙하지 않아 아이를 돌본다는 게 더 어려울 수도 있을 것 같았다. 또 회사에서 막내로 일하며 이리 치이고 저리 치이고 스트레스도 많았을 것이다.

'내가 이 정도 했으니 남편도 이 정도는 해줘야 해.'라는 생각이 있으니 상대를 이해하지 못했다. 조금씩 남편을 이해하고자 태도와 말투를 조심했다.

요즘은 예전보다 덜 다툰다. 주말이면 카페에서 혼자 시간 보내다 오라며 남편이 두 아이를 봐주기도 한다. 내가 오기 전에 두 아이를 저녁 9시 전에 재워놓는 고수가 되었다.

"자기가 하려는 거 다 해봐. 내가 많이 도와줄게"

"자기가 부동산 임장 가면 내가 임장 기사 해줄게. 맛집 다니자."

이렇게 말해주는 센스쟁이 남편이 있어 고맙게 생각한다. 강의를 듣기 위한 비용, 투자 비용을 이야기하면 남편은 반대하지 않고 늘 응원해준다.

처음부터 잘하는 사람은 없다. 우리 부부도 첫째 낳고 3년간 치열하게 다퉜다. 어쩌면 다투는 관계가 더 건강할지도 모르겠다. 서로 잘 안다고 생각했지만 다투고 나면 서로에 대해 너무나도 몰랐다는 것을 알게 된다. 지금도 우리는 서로 알아가고 있다. 관계를 다시 잘 회복하려는 노력과 시도가 중요하다.

남편을 내가 원하는 사람으로 바꿀 수는 없다. 요즘은 내가 바뀌는 것이 편하다는 생각이 많이 든다. 아이에게도 남편에게도 조금이나마 내가 먼저 변하려고 시도한다.

가정부터 화목하게 이끌 수 있어야 사회에서도 구성원들을 잘 이끌 수 있을 것이다. 가정이 편안해야 꿈도 응원받을 수 있고 오랫동안 지속할 수 있다. 공부하며 새로운 꿈을 꾸고 있는 지금 남편은 나를 가장 많이 지지해 주는 사람이 되었다. 시행착오를 통해 내가 변하고 가정이 변하는 기쁨을 누려보자.

따뜻하게 당신을 응원하며

메모하는 것을 좋아한다. 카카오톡 나에게 보내기와 휴대전화 메모장에 그때그때 느낀 감정이나 좋은 문장들을 자주 적곤 했다. 좋은 글을 그대로 따라 적거나 내 생각을 짧게 적었다. 긴 글은 써 본 적이 없어 어떻게 써야 하는지도 몰랐다. 글 쓰는 것을 좋아하지 않는 줄 알았다. 그런 내가 책을 쓰게 되었다. 책을 쓰고 있는 지금, 엄마 된 후 나의 20대 시절로 돌아가 보니 힘든 순간이 참 많았음을 느낀다. 글을 쓰면서 과거 힘들었던 기억으로 돌아가 일단 다 토해내 본다.

글감을 찾아 메모장을 뒤져봤다. 아래로 내려가니 수많은 일기가 있었다. 첫째의 출산일기와 태어나고 1일째 되던 날부터 100일이 될 때까지 나는 짧게라도 매일 기록하고 있었다. 남편과 다퉈 속상했던 일,

아이가 아팠던 일, 워킹맘으로 힘들었던 일, 아이의 순수하고 예쁜 언어표현들까지.

글을 쓰면서 느낀다. 글을 쓰지 않았더라면 몇 시간 동안 앉아서 내 삶을 들여다볼 기회가 있었을까? 엄마가 되지 않았더라면 나에게 묻고 감정을 세세하게 바라보는 시간이 있었을까?

글 쓰는 것을 좋아하지 않는 줄 알았는데 막상 써 보니 글 쓰는 것이 재미있었다. 글재주는 없지만, 글을 쓰며 생각이 정리되는 시간이 좋다. 글을 쓰는 시간 동안 마음껏 시원하게 적어 내려가 울기도 하고 행복하기도 했다. 그리고 나를 만났다. 글을 쓰며 온전히 나를 만날 수 있었다.

다양한 시도를 두려워 말자. 엄마가 되니 글을 쓸 기회가, 과거의 나와 마주할 기회가 생겼다. 아이 덕분에 내가 성장할 수 있고 행복해지는 길을 찾을 수 있었다. 내가 일찍 엄마가 되었기에 경제적인 부분이나 미성숙한 부분을 채우기 위해 스스로 크는 연습을 하고 있지 않나 싶다.

일찍 엄마가 되어 친구들이랑 놀지도 못하고 가고 싶은 곳도 못 가고, 자꾸 못하는 것에 집중하며 우울해했는데 그게 아니었다. 뒤집어 생각해보니 일찍 엄마가 되었기에 나는 꿈 꾸는 것에 일찍 눈뜰 수 있었다. 내가 스스로 크는 연습, 나의 몸값을 올리는 연습을 꾸준히 한다면 나의 30대가 더욱 빛날 것이라는 자신감이 생겼다.

나에게 기회를 줘야 한다. 기회를 준다는 것은 나만의 시간을 갖고 스스로 한계를 두지 않는 것과 같다. 다양한 도전을 해보니 내가 나에게 준 기회가 나를 발견하고 자존감을 높여주었다. 나만의 시간을 갖는 것, 강의를 듣는 것, 블로그에 글을 쓰는 것, 독서 모임에 참여하는 것 등 일단 하다 보니 글도 쓰고 책도 쓰며 조금씩 결과를 만들어내고 있었다.

처음부터 잘해서 재밌어서가 아니라 하다 보니 재밌어지고 잘하고 싶어지는 것이었다. 나의 도전과 선택을 믿고 옳은 방향으로 만들어가려 한다. 다양한 도전을 통해 엄마의 삶이 즐거워지기 시작했다. 열정을 끌어올릴 수 있는 것들을 찾아야 한다. 기회가 왔을 때 잡을 수 있는 준비를 하는 것이다.

엄마라는 위치에서 엄마답게 내가 갈 길을 가면 된다. 돌이 안된 둘째를 키우며 느낀다. 자꾸 미루다 보면 꿈은 계속 멀어진다는 것을. 아이와 함께 있는 시간에도 내 시간을 찾는 연습을 해야 한다.

첫째가 걷지 못하는 아기였을 때 재우기 위해 아기 띠를 하고 하염없이 거실을 왔다 갔다 했다. 지루하고 힘들었다. 둘째는 졸린 기색을 보이면 바로 이어폰부터 귀에 꽂는다. 듣고 싶은 방송을 들으며 아이가 안자면 안자는 대로 방송 듣는 시간을 즐긴다. 첫째를 키울 때보다 시간을 활용하는 데 여유가 생겼음을 느낀다. 아이가 자라는 만큼 엄마도 자라고 있음을 느낀다.

실수하거나 넘어져도 나를 믿고 원하는 내 모습을 만들어보자. 당신이 매일 조금씩 하는 점들이 모여 언젠간 선을 이루고 별이 될 거라고 믿는다.

오직 나만의 길을 가라

내가 처한 환경에서 할 수 있는 것을 찾아야 한다. 코로나 19로 많은
자영업자가 무너지고 직업을 잃은 사람도 있다. 하지만 위기 속에서
기회를 보고 역발상으로 많은 돈을 번 사람들도 있다. 대표적인 것은
온라인 사업을 하는 사람들이다. 코로나 19로 온라인 플랫폼이 더욱
활성화되었다.

지인 중에 블로그로 광고 수입을 얻는 분이 있다. 애드포스트 수익
으로 한 달에 7~8만 원 정도 들어온다고 했다. 비결을 물으니 매일 책
육아하며 꾸준히 포스팅했고, 애드포스트에 합격하여 광고 수입을 얻
을 수 있었다고 한다. 많은 돈은 아니지만, 정기적으로 조금이라도 수
입이 들어오니 아이들 간식이라도 부담 없이 사줄 수 있다고 했다. 코
로나로 인해 집에 있는 시간이 늘면서 누군가는 힘들어할 때 누군가는

온라인으로 수입을 벌어들인 것이다.

"삼시 세끼 밥 해먹이고, 간식도 챙겨줘야 하고, 줌 수업 문제는 없는지 체크도 해줘야 해. 이거 보통 일이 아니야."

9살 초등학생을 둔 엄마가 말했다. 코로나19로 초등학교 수업이 온라인으로 대체되자 직장을 그만두었다고 했다. 맞벌이에서 외벌이로 소득이 줄어 경제적으로 부담이 얼마나 클까. 또 에너지 넘치는 아이를 종일 데리고 있기가 힘들었을 것이다.

우리 부부도 만약 한 사람의 소득이 끊긴다고 생각하면 불안했다. 출근해야 하는데 아이가 집에서 혼자 온라인 수업을 들어야 한다면 걱정될 것 같았다. 내가 직접 직장에 나가지 않아도 돈을 벌어들일 수 있는 시스템을 만들면 좋겠다는 생각이 들었다. 집에서도 아이들을 돌보면서 돈이 들어오니 위기 상황에서도 안심일 것이다.

둘째 육아휴직 중인 지금, 당장 파이프라인을 만들 수는 없겠지만 주로 집에 있는 시간이 많으니 무엇을 하면 좋을지 고민했다.

지금 내 상황에서 내가 할 수 있는 것을 찾는 것이 중요하다. 아이를 돌보면서 내가 할 수 있는 가장 최고의 방법은 자기 계발이라고 생각했다. 내 몸값을 올리는 것이다. 내가 하고자 하는 분야의 강의도 많이 들어야 하고 책도 많이 읽어야 한다.

나에게 과감하게 투자하기로 했다. 다수의 온라인 강의와 온라인 독서모임을 신청했다. 코로나로 인해 온라인 플랫폼이 다양해지고 집에서 편하게 강의를 들을 수 있어서 감사한 일이다.

부수입을 얻고 싶은 마음에 처음에는 블로그로 빨리 성과를 내고 싶은 생각도 있었다. 하지만 수익을 목표로 성과를 내려고 하면 지쳐서 오래 못할 것 같은 생각이 들었다. 스스로 배우고 성장하는 것을 즐기다 보면 나중에 돈은 자연스럽게 따라오지 않을까 하는 생각이 들었다.

재정 목표, 가정 목표, 건강 목표로 나누어 그것들을 이루기 위해 한 가지씩 정했다. 매일 꾸준하게 반복하는 것만으로도 걱정이 줄어들었다.

재정목표는 매일 가계부를 쓰며 지출을 최소화하기 위해 경각심을 다졌고, 목표한 종잣돈을 모아 1년 안에 소액으로 부동산을 한 채 더 사는 것으로 정했다. 부동산 투자를 위한 강의를 듣고 블로그에 꾸준히 기록하는 것이다. 첫째를 어린이집에 맡기고 출근할 때는 바빠서 반찬을 주로 사 먹었지만, 휴직 중인 지금은 시간이 많으니 냉장고에 식자재를 활용하여 소비를 줄이기로 했다. 최대한 냉장고의 식재료를 활용하여 절약하며 일정 금액을 모으려고 노력했다.

가정 목표로는 아이에게 화내지 않는 엄마가 되기 위해 매일 육아 관련 팟캐스트 한 개 듣는 것으로 정했다. 이것은 길어야 15분 또는 20분 정도이다. 아이들 돌보면서 틀어놓는 것이기 때문에 큰 부담 없이 채울 수 있었다. 건강 목표로는 출산 전 몸무게로 돌아가는 것, 하루에 물 1리터 마시기 등 나름의 항목별로 해야 할 것을 한 개씩 정해서 매일 실천 중이다.

주변 상황에 흔들리지 않고 나만의 길을 가기 위해서 목표를 분명히 해야 한다. 둘째 아이 육아휴직 중인 것에 참 감사하다. 휴직 기간을 활용하여 목표를 다질 수 있었다. 나를 성장시켜주고 나를 돌아보게 하는 아이들에게 참 감사하다. 또 나를 꿈꾸게 하는 것도 모두 아이들 덕분이다.

아이를 재워놓고 나의 꿈을 천천히 상상해보고 훗날 아이들과 세계여행을 다니는 것을 상상해본다.

엄마들도 각자 저마다의 사정이 다를 것이다. 어떠한 상황이든 나의 길을 찾는 것이 중요하다. 자신이 하는 것이 아무것도 아닌 것 같을지라도 믿고 꾸준히 기록하는 것이 중요하다. 독박 육아 워킹맘도 가능하다. 엄마들이 자신의 성장에 관심을 두고 온전히 나로 살길 바란다.

당신은 아이와 함께 성장하는 엄마다

첫째가 4살 때 일이다. 퇴근 후 돌아오면 누워서 쉬고 싶은 마음이 컸다. 아이를 돌봐줄 여유가 없었다. 아이가 보채거나 징징거리면 감정이 쉽게 폭발했다.

"징징거리지 말고 말로 해. 지연이가 자꾸 이러면 엄마 힘들어."

내가 힘든 건 내 감정인데 굳이 아이 탓을 했다. 아이에게 못된 말을 하고 화내는 내 모습이 싫었다. 미안함에 좀 더 어른답게 아이를 대해야겠다며 다짐하고도 또다시 감정에 쉽게 무너졌다. 아이에게 안 좋은 영향을 미칠까 불안한 마음도 있었다. 자꾸만 내가 부족하고 못난 사람으로 여겨졌다.

어른인 나도 이렇게 감정조절이 미숙한데 하나부터 열까지 배워야 하는 아이는 오죽할까. 아이들의 떼쓰고 화내는 감정도 잠시 지나가는 바람일 수 있는데, 그 바람을 너그럽게 지켜보지 못했다. 당장에 고쳐버려야겠다는 생각에, 당장에 바로잡아야겠다는 생각에 아이에게 더 화내고 나무랐던 것 같다.

"엄마도 좀 쉬고 싶은데 지연이가 도와줄 수 있어?"

"응. 지연이가 엄마 도와줄게."

조용히 좀 하라고, 징징거리지 말라고 소리치는 대신에 육아서에서 배운 대로 나의 진심을 말하고 아이의 도움을 요청했다. 아이는 너무나도 쉽게 예쁜 대답을 내놓았다. 물론 오랫동안 엄마를 쉬게 내버려두는 기적이 일어나진 않았지만, 아이를 키우며 배우는 것이 많다. 어떻게 대화해야 하는지, 어떻게 나의 감정을 표현해야 하는지 공부하게 되고 아이를 통해 배운다.

"지연아, 아까 엄마가 화내서 미안해. 화내지 않고 말해야 하는데 좀 어렵네."

"괜찮아요, 엄마. 저도 죄송해요. 떼쓰지 않을게요."

아이에게 화난 감정을 마구 쏟아내고 후회하며 자기 전에 꼭 사과하는 편이다. 아이는 쉽게 용서해주고 자신도 미안하다고 한다. 그런 아이를 보며 어른인 나는 누군가를 쉽게 용서하고 사과할 용기가 있나 하는 생각도 해 본다.

일상에 지치다 보면 아이에게 이성적으로 말하는 게 쉽지 않았다. 아이니까 감정조절이 안 되고 떼쓰는 모습이 정상일 수 있다. 아이와

159

똑같이 화내지 않고 좀 더 어른답게 훈육해야겠다고 다짐해본다.

아이와 함께 성장하기 위해 엄마의 자존감이 중요하다. 자존감은 나를 존중하고 스스로 만족하는 삶을 살기 위한 기초가 된다. 삶에 지쳐 나를 돌보는 것도 힘든데 아이를 돌보려니 어른답지 못할 때가 많았다. 나의 감정을 들여다보고 나의 시간을 갖는 것만으로도 자존감을 높일 수 있었다. 넉넉하지 않아도 행복한 가정에서 자란 아이들은 자존감이 높다. 스스로 존중하는 마음이 있으면 어떤 상황에서도 행복할 수 있을 것이다. 내가 처한 상황은 중요하지 않을 수 있다.

독박 육아에 워킹맘이라는 상황에 매몰되어 자존감이 낮았다. 이젠 무기력해지기보다, 잘하고 있다고 나를 존중해 주려 한다. 내가 중심을 잡고 나의 세계를 잘 가꾸어야 한다. 힘든 순간들도 곱씹어보면 나를 단단하게 해줄 수 있고 좀 더 나은 삶을 선물해 주기도 한다.

꿈을 꾸기 시작한 후 지금은 엄마의 삶이 행복해졌다. 스스로 괜찮은 사람이 되기 위해 읽고 배우며 시도한 것이 나의 자존감을 높여줬다. 내가 새로운 도전을 하는 이유다. 쉽지 않지만, 그 과정에서 내 가능성을 하나씩 알아가고 있다. 내가 좋아하는 것, 하고 싶은 것을 찾으며 즐거움을 느낀다. 하루를 만족스럽게 살려 노력한다. 매일 하는 작은 습관들로 나를 채워보려 한다. 그 습관들이 모여 단단해진 나를 만들어 주리라 믿는다.

'육아'(育兒)는 '육아'(育我) 다. 라는 말에 공감하는 요즘이다. 아이를 기르는 것은 나를 기르는 것과 같다는 뜻이다. 아이에게 떼쓰지 않고 감정을 말로 표현하라고 가르친다. 울면서 말하는 거 아니라고도 해준다. 그럴 때마다 나도 '욱'이 올라온다. 같이 마음을 수련한다고 생각하며 감정을 조절한다. 심호흡을 크게 하고 '너도 성장하는 중이지. 엄마도 노력하고 있어.' 속으로 생각한다.

아이 때문에 울기도 하고 화가 머리 끝까지 났다가도 행복감에 가슴이 벅차오르기도 한다. 이렇게 존재 자체만으로도 나를 울고 웃게 하는 아이들이 있어 성장하고 배운다. 미안한 엄마가 되지 않기 위해, 좀 더 나은 엄마가 되기 위해 공부한다.

내가 엄마가 아니었다면 나를 돌아볼 기회가 있었을까?

앞으로 어떻게 살 것인지에 대한 고민을 진지하게 해봤을까?

아이와 함께 성장할 수 있어 감사하다. 오늘도 육아에 치여 하루를 버텨내는 엄마들에게 말해주고 싶다. 있는 그대로의 나를 사랑할 때 엄마도 아이도 행복해질 수 있다고. 엄마의 삶에도 공부가 필요하다고 말이다. 아이 때문에 좀처럼 나만의 시간을 갖기도 힘들고 감정이 수시로 변할 때도 있지만, 그 또한 나를 성장시키는 시간이 될 수 있다. 아이와 함께 성장하는 당신의 삶에 눈부신 발전을 응원한다.

엄마의 꿈공부

초판 1쇄 발행 | 2022년 4월 21일

지은이 | 김다빈
펴낸이 | 김지연
펴낸곳 | 마음세상

주 소 | 경기도 파주시 한빛로 70 515-501

신고번호 | 제406-2011-000024호
신고일자 | 2011년 3월 7일

ISBN | 979-11-5636-477-1 (03190)

ⓒ김다빈, 2022

원고투고 | maumsesang2@nate.com

* 값 13,400원

* 마음세상은 삶의 감동을 이끌어내는 진솔한 책을 발간하고 있습니다. 참신한 원고가 준비되셨다면 망설이지 마시고 연락주세요.